引爆社群

移动互联网时代的新4C法则

第3版

IGNITE COMMUNITY

New 4C Rules of Mobile Internet Era, 3rd

唐兴通 著

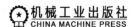

机械工业出版社

CHINA MACHINE PRESS

图书在版编目（CIP）数据

引爆社群：移动互联网时代的新 4C 法则 / 唐兴通著 . —3 版 . —北京：机械
工业出版社，2023.11（2024.8 重印）

ISBN 978-7-111-73771-1

Ⅰ. ①引… Ⅱ. ①唐… Ⅲ. ①网络营销 Ⅳ. ① F713.36

中国国家版本馆 CIP 数据核字（2023）第 163096 号

机械工业出版社（北京市百万庄大街 22 号 邮政编码 100037）
策划编辑：孙海亮 责任编辑：孙海亮
责任校对：宋 安 李 杉 责任印制：张 博
北京建宏印刷有限公司印刷
2024 年 8 月第 3 版第 3 次印刷
147mm×210mm・9 印张・3 插页・224 千字
标准书号：ISBN 978-7-111-73771-1
定价：99.00 元

电话服务 网络服务

客服电话：010-88361066 机 工 官 网：www.cmpbook.com

010-88379833 机 工 官 博：weibo.com/cmp1952

010-68326294 金 书 网：www.golden-book.com

封底无防伪标均为盗版 机工教育服务网：www.cmpedu.com

献给女儿唐一然、儿子唐希瑞

愿你们永远对世界保持好奇与热爱！

本书赞誉

　　传播学交叉性的特点与生俱来，可以说，没有交叉研究就没有传播学。交叉、融合、多样、差异，既标志着传播学科的生机与活力，也反映了传播学科的丰富度和均匀度，预示着可持续发展与繁荣。商业传播，不仅需要有多学科的知识背景，也需要有混合的发散性思维能力，更需要有敢于打破学科界线、突破自我封闭和勇于创新的胆识。兴通的大作充分展示了他融合社会学、传播学、心理学、信息学等领域知识和方法的能力，具有创新性。他提出的新4C法则，是经过认真梳理和充分论证的独特体系，也是应对移动互联网时代信息传播的一把利器。推荐阅读。

——邵培仁

浙江大学传播研究所教授、博士生导师

　　读来如沐春风，内容厚重新锐。提升营销素养，重在解决问题。

——杨伯溆 北京大学新媒体研究院副院长，

北京大学创意产业研究中心主任

这是一部值得期待的著作！大家都在说我们已经进入移动互联时代，但我们的经验却常常是传统媒体的经验，这就难以避免用传统媒体思维去面对和处理新媒体事物，包括广告、营销、推广等，或者已经开始以互联网思维处理新媒体事物，却只有零碎、偶发的经验，不成系统。唐兴通先生这部大作的好处就在于"打通"，让拥有丰富传统媒体经验的人们可以尽快将现有经验转化为新媒体经验，让拥有零散新媒体经验的人们可以获得系统化的认识与提升！

——胡智锋 北京电影学院党委副书记、副校长

本书介绍的新4C法则是运用多学科知识并结合全新沟通技术构建出来的新型营销模式，可以说这是利用交叉学科知识组合创造的新思维、新观点。从社会实践及未来发展趋势看，跨界及联合经营可以产生新的商业价值，跨部门协同可以创新社会治理、增进部门及社区之间的相互理解与融合。这是一本引爆思维的读物，既适合从事理论研究的学者阅读，也适合作为商业领域从业者践行新4C法则、创造商业价值的财富增长秘籍。

——于显洋

中国人民大学社会与人口学院社会系教授、博士生导师

这是一个移动互联的时代，当今的社会可被定义为通过互联网进行互动的人们所构成的社群。在一个被如此界定的社群内，互动的链条是无限复杂的，并以众多不同的方式覆盖着整个社会，这意味着信息传播打破了传统的大众媒体传播方式。它针对特定的目标

群体，通过关键成员传递特定的信息，以影响舆论和购买决策。由于信息像病毒一样传播，不仅节约了资源和费用，而且具有更持久的传播效果和冲击力。信息是嵌在整个社群网络中的，而不是嵌在一个人的头脑中。引爆新注意力，从《引爆社群：移动互联网时代的新4C法则》开始。

——沈浩　中国传媒大学新闻学院教授、博士生导师

这是一片热土，一片激情四溢、富有创造力、渴望变革、拥抱未来的热土。

在这片热土上，层出不穷的电商、娱乐、游戏、社交、智能装置、健康运动、社会公益等的创新和创业故事，为观察、总结、提炼其背后的内在机理和规律提供了丰富的营养与土壤。兴通正是这样一位细致入微的观察者、提炼者和萃取者。我相信，他总结的新4C法则一定会为中国方兴未艾的移动互联网注入智慧的力量。

——段永朝

苇草智酷创始合伙人，信息社会50人论坛执行主席

在移动互联网时代的信息传播过程中，场景（Context）决定着传播的逻辑起点和技术环境，社群（Community）决定着传播的动力和目的，内容（Content）决定着传播的方向和效果，连接（Connection）决定着传播的广度和深度。只有理解了这4个C，才可能理解移动互联网时代的信息传播。这就是本书的价值所在。

——唐润华　新华社新闻研究所研究员

作为手艺人和电影导演，我的作品是娱乐产品。读兴通兄的《引爆社群：移动互联网时代的新4C法则》让我受益匪浅，借助本书介绍的法则可以准确找到受众，学习如何直击人心，让娱乐传

播更有效。创作是感性的，电影的市场和传播是有规律的。《引爆社群：移动互联网时代的新 4C 法则》是电影导演适应新环境必读的工具书。

——朱少宇　影视导演，资深传媒人士

我和唐兴通先生是因为"社会化媒体"而结缘的。在 2007 年和 2008 年的时候，搜索"社会化媒体"，排在搜索结果列表第一位的就是唐兴通先生关于社会化媒体的博文。在过去的多年里，唐兴通先生一直在为传播和普及社会化媒体的价值而奔走，可谓真正的社会化媒体理念的布道者。如今在移动互联网的大潮之下，唐兴通先生以其敏锐的数字嗅觉，再一次引领风潮。相信本书的出版会让更多企业和个人在这个变幻莫测的移动数字世界受益。

——Putting

新锐营销人知识分享和知识成长社区 SocialBeta 创始人

互联网技术的发展使得很多传统领域不断被颠覆，几乎没有哪个领域没有因互联网的发展而受到影响，特别是移动互联网对于人类生活方式、工作方式的改变——从碎片化到聚合，从一个个割裂的小圈子到相互连接的无数社群，从随时随地人与人的连接到人与物和物与物的无线联通，让我们看到了在营销传播领域蕴藏的无限商机。《引爆社群：移动互联网时代的新 4C 法则》将为您支招。

——陈徐彬　虎啸奖创始人

拯救你的营销方法并展望未来

互联网热点就像圣诞树上闪烁的彩灯，如果没有支撑的树干，我们很难发现其中的逻辑、规律及方法。市面上有许多图书仅仅是方法和案例的堆积，术语和点滴知识的集合。相比之下，本书则专注于数字时代营销的方法体系应对与策略。笔者尝试通过本书挖掘隐藏在"灯光"背后的"树干"，以解决各种散乱问题。

本书第 1 版和第 2 版备受欢迎，累计重印近 30 次，并获得 CCTV、清华管理评论、得到等多家知名媒体的推荐，同时成为研究生入学考试指定用书，也被众多商学院（例如中欧国际工商学院）选作课程教材或课外读物。在此感谢大家对本书的认可与支持！

何谓新4C法则

所谓新 4C 法则，就是企业可以在适合的场景（Context）下，针对特定的社群（Community），让有传播力的内容（Content）沿着人与人连接（Connection）

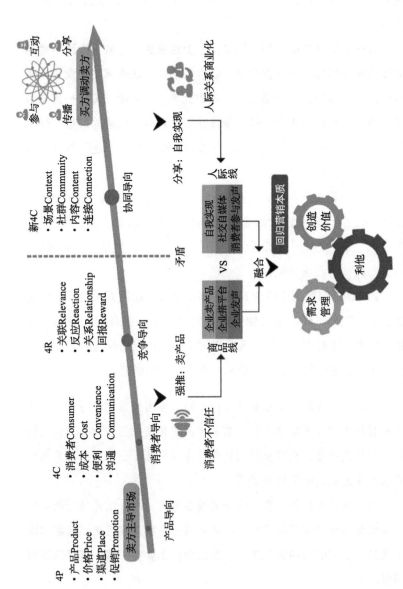

新 4C 与 4P、4C、4R 的对比

的路径快速扩散与传播，最终获得有效的商业传播及价值的方法论。

有一个常见却很奇怪的现象：不少企业疲于奔命，锲而不舍地尝试各种新媒体平台来做营销、获客与增长，从微博、公众号、微信群、抖音短视频到直播带货，再到元宇宙、Web 3.0，一直在跟风，也一直在认真去做，但是最终往往没有得到理想的回报。怀揣着希望，听着隔壁传奇的故事，一次次走向失望，但还不放弃，打算一直装下去……

笔者的看法是：抖音、视频号、微信、微博、知乎、小红书、B 站、元宇宙等平台犹如企业营销兵器谱上的刀、剑、矛、枪、戈、戟、铜、弓弩……学会工具操作非常简单，但是真正想做好，却需要内功与心法的配合。

新 4C 法则致力于成为跨越新媒体平台的通用方法论。也就是说，新 4C 法则可以帮助你更好地借助抖音、视频号、微信、微博、知乎、小红书、B 站、元宇宙等平台来达成商业目的。

为了更方便你理解，这里从一个客户案例讲起。

某企业是卖煤矿工程机械类产品的，全国销售片区与市场、公司的目标客户都非常清晰。以前其产品销售模式更多的是拜访式销售、顾问式销售、大客户跟踪销售，常年聚焦于线下人际关系的往来以及传统意义上的销售技巧。

因为该企业已经习惯了传统的销售方式，所以刚开始对数字化营销的效果持严重怀疑态度，甚至不容分说就直接拒绝。背后的潜台词是：我们的客户这么单一，我们为什么要费那事？直接线下拜访就成了。

在笔者的多次沟通后，该企业终于愿意尝试。之后笔者帮助该企业采用新4C法则，结合目标客户的特点，配上鲜活的场景，做了多个煤矿工程机械方面的短视频内容，发布时在标题上加上"地区＋客户公司名字＋行业＋产品目录＋行话"。最终，该客户不仅提升了销售业绩，降低了工作强度，还获得了目标人群的一致好评，形成了口碑效应。

该企业现在已经形成让内容在特定目标客户群体内传播，获得与客户沟通的机会，之后结合传统的销售模式完成最终成交的数字时代B2B市场新范式。

在上述案例中，之所以在短视频标题中加那么多标签与关键词，是因为这样可以让短视频平台自动推荐与匹配相关人群。通过新4C法则，抖音及视频号的算法可以帮助你找到特定的人群。**如果你的内容精准、鲜活、有针对性且有价值，并引发你的朋友点了个赞、从头看到尾、发布相关的评论或者进行分享，那么平台算法就会默认该内容对你朋友的朋友有价值，并再次进行推荐。**

我们都知道，每个人的手机通讯录上都有很多人的手机号，比如公司的领导、同事，这些手机号往往都会和短视频账号绑定。在这样的情况下内容就会沿着你看不见的数字化关系网络进行渗透、传播。这就是一个非常典型的让内容去找客户而不是人去找客户的过程。

许多业界人士对笔者说："你的新4C法则已经是数字时代营销传播公认的方法论。"听到类似评价，笔者虽然很激动，但更多的是不安。笔者只是提出了新4C法则的模型与框架，而新4C法则后来的生命力更多来源于许多小伙伴的诠释与拓展，以及在各自应用场景中的落地。

第3版的主要看点

第 3 版内容更好地反映了新 4C 法则在新媒体营销、社群营销、私域流量等方面的实践情况与发展趋势。另外，因为完美呈现一套简练、与时俱进的新营销方法论是本书的首要目标，所以在保留前两版精华的情况下，在撰写本版的过程中笔者始终坚持如下 4 条原则。

- ❑ **精练语言，压缩文本。**精简了内容架构，削减或更新了旧内容，希望让内容更有"嚼劲"。

- ❑ **与时俱进，兼顾新锐案例与经典案例。**在保留原有经典案例的基础上，新加入特斯拉、蒂芙尼、Burberry、Gucci、lululemon、SHEIN、Zappos、TikTok、ZARA、7-11、乐高、宜家、卡特彼勒、M&M 豆、美体小铺、梅奥诊所、辉瑞制药、恒瑞医药、哈根达斯、蔚来汽车、孩子王、周黑鸭、南方黑芝麻糊、阿那亚、松鹤楼、兰州拉面、熬夜水等 30余个案例，以丰富新 4C 法则适用领域。

- ❑ **将新 4C 法则拓展应用到短视频营销、内容营销、私域流量、B2B 营销、数字化营销等领域。**虽然与短视频营销、内容营销、私域流量、B2B 营销等相关的话题的关注度持续走高，但是这些营销形式的落地缺乏有效的方法论与指导工具。为此，第 3 版有针对性地给出了在这些方向应用新 4C 法则的实践路径与案例。

- ❑ **精雕细琢，完善新 4C 法则的内在逻辑与理论框架。**第 1版提出新 4C 法则，并给出一个简明有力的落地框架与方法论。但随着环境变化，每个 C 的内部以及 4 个 C 之间如何实现逻辑与理论自洽一直是一个挑战，第 3 版对此进行了大幅优化和迭代。

新 4C 法则核心内容修订如下。

1）场景部分，在前两版的基础上，提炼出场景 4 要素——时间、地点、需求、情绪，并融入物联网传感器与大数据场景感知新趋势等内容。

2）社群部分，对私域流量、社群运营等新问题进行集中阐述，以帮助读者直击社群商业及营销的核心。

3）内容部分，在前两版的基础上进一步夯实内容战略、内容选题、内容拍摄、内容传播等方面的实践指南和案例精选，并重点突出以下主题：

❑ 围绕购买决策做内容的方法；

❑ 内容 SEO 与内容分发过程；

❑ B2B 企业内容营销与销售线索转化；

❑ 通过本地化内容吸引实体店周边 3 ～ 5 公里的客户；

❑ 团队内容能力培养与机制构建；

❑ AIGC 工具在内容生产方面的应用与前景。

4）连接部分，优化调整内容结构，删减过于理论而不具备实操性的内容和冗余性内容，引入新案例以解读新时代的连接。

致谢

写作期间参考并借鉴了众多学科领域多位专家的研究成果，尤其是案例采集部分，在此一并感谢。如果涉及您的权益，请与笔者联系。

本书是笔者多年来与朋友、同事、网友进行对话交流之后取得的成果。笔者对所有提供过帮助的人都心存感激，在此表示衷心感谢。

感谢顾伯平、王希明、邵培仁、胡智锋、于显洋、段永朝、陈徐彬、朱少宇、沈浩、唐润华、彭彬哥、金旭、杨伯溆、Putting、唐兆明、沈耀珍、杨升、张惜芬、杨阚波、蒋杰、唐兴娟、唐婷婷、唐玉、张明亮、朱香顺、陈恩凯、张倬嘉、张媛、朱俊宇、朱语涵、陈景瑞、陈伟荣、唐一然、小柠檬、袁沐滢等在本书写作过程中对笔者提供的直接或间接的帮助。谢谢大家！

感谢咨询、培训等相关合作企业，以及商学院选择我课程的学生，正是他们的实践和反思才赋予新 4C 法则源源不断的生命力！

与我联系

希望本书能触发你的一些思考，我们一起探索数字时代的新营销方法。如果想与笔者合作或者交流，请发送邮件至 along5418@gmail.com，或者扫描下方二维码联系笔者。

唐兴通

于北京一然斋

目录

本书赞誉

前言　拯救你的营销方法并展望未来

第1章　数字时代新的方法论 001

1.1　引爆社群新4C法则 001

1.2　场景能让营销信息更有效地深入人心 007

1.3　营销要精准，就必须深入目标客户的社群 008

1.4　内容是一切营销传播的本质 012

1.5　轻轻一推，引爆社群传播链条 015

第2章　充满魅力的场景 019

2.1　从流量入口到场景之争 019

2.2　时间是场景的起点 022

2.2.1　用好时间场景的方法 022

2.2.2　走向实时营销 025

2.2.3　留意触发事件和购买窗口期 027

2.3　本地化商业大时代才开始 028

2.3.1　地点是场景的舞台 028

2.3.2　数字时代本地化商业与营销　　　　　031

2.4　如何在场景中洞察消费者需求　　　　　036

2.5　情绪也是一种场景　　　　　042

　　2.5.1　情绪、场景与情绪营销　　　　　042

　　2.5.2　管理好消费者的情绪　　　　　046

2.6　蹭热点场景是一堂必修课　　　　　048

2.7　本章总结与实践题　　　　　049

第3章　从卖货思维走向社群思维　　　　　052

3.1　为什么要关注社群　　　　　053

3.2　社群的结构与成员角色分类　　　　　059

　　3.2.1　社群结构：圈层结构和链式结构　　　　　059

　　3.2.2　社群成员身份与各自的诉求　　　　　062

　　3.2.3　社群是如何分类的　　　　　065

　　3.2.4　B2B客户分类与营销策略　　　　　068

3.3　社群运行的游戏规则　　　　　069

　　3.3.1　如何在社群中获得影响力　　　　　069

　　3.3.2　理解社群文化与行为学　　　　　072

3.4　绘制目标社群在互联网上的分布地图并引爆　　　　　074

3.5　社群搭建的完整框架模型　　　　　079

　　3.5.1　你想要得到什么　　　　　080

　　3.5.2　你的客户（社群成员）想要什么　　　　　080

　　3.5.3　确定内部利益相关者　　　　　081

　　3.5.4　制定启动框架　　　　　082

　　3.5.5　选择社群载体与呈现形式　　　　　082

3.5.6　制订社群参与计划　083

3.5.7　建立你的社群　084

3.5.8　营销你的社群　085

3.6　自有社群的构建与运营　088

3.6.1　4 个自有社群构建与运营的典型案例　088

3.6.2　百度英才在线社区项目　092

3.7　平台官方账号类社群运营与私域构建　094

3.8　微信群类社群运营与转化　099

3.8.1　运营微信群涉及的 3 个方面　100

3.8.2　构建微信群类社群的 12 个关键点　101

3.9　如何获得一个高活跃度的社群　104

3.10　低频产品的社群如何做　110

3.11　本章总结与实践题　113

第 4 章　有传播力的内容　115

4.1　让内容去找客户，而不是让人去找客户　115

4.1.1　企业为什么需要内容营销　115

4.1.2　片面追求点击量，忘记商业目的不可取　117

4.2　从图片、音视频、VR/AR 到 UGC、PGC、
AIGC 看内容　119

4.3　不仅要生产内容，更要规划内容　124

4.3.1　内容规划与角度选择　125

4.3.2　高质量内容的 6 个生产步骤　128

4.3.3　内容策略与规划　131

4.4　做客户想要的内容，抓住内容 5 大来源　133

4.4.1　5 个维度确定目标客户想要的内容　　　133

4.4.2　5 大内容来源支撑内容可持续运营　　　135

4.5　内容创作结构化　　　138

4.5.1　内容创作的 4 种结构　　　138

4.5.2　内容创作的 4 个模板　　　139

4.6　内容编辑与内容优化　　　143

4.6.1　高影响力是内容努力的重要方向　　　143

4.6.2　不只要影响力，更要信任度　　　144

4.6.3　好标题的 4 大功能与 20 个高吸睛标题　　　148

4.6.4　短视频封面编辑与优化　　　151

4.6.5　用具体细节来构建场景画面感　　　152

4.6.6　时刻不忘故事化你的内容　　　154

4.7　无法持久原创，你要有内容策展思维与伪原创能力　　　156

4.8　让内容走得更远：内容分发、内容标签 SEO 化　　　160

4.8.1　内容标签 SEO 化，让内容更容易被找到　　　162

4.8.2　构建你的关键词库　　　163

4.9　让内容更容易被分享　　　165

4.10　围绕消费者购买决策过程做内容　　　168

4.10.1　AIDA 模型　　　168

4.10.2　AISAS 模型和 AARRR 模型　　　169

4.10.3　漏斗模型　　　170

4.11　B2B 企业的内容营销与销售线索转化　　　174

4.11.1　深度理解 B2B 内容营销　　　175

4.11.2　B2B 内容营销的关键是成为行业首席知识官　　　178

4.11.3　B2B 内容营销的关键：成功客户案例研究　　180

4.11.4　B2B 内容营销的 5 个策略　　181

4.12　本地化内容：吸引你周围 3 ～ 5 公里内的客户　　184

4.12.1　为什么有效吸引 3 ～ 5 公里内的客户很重要　　184

4.12.2　本地化营销内容应该写点什么　　185

4.12.3　本地化营销内容分发与传播　　188

4.13　内容生产制度化　　190

4.13.1　一个真实的案例　　190

4.13.2　如何实现内容生产制度化　　191

4.14　AIGC（GPT-4 类软件）在内容全流程的应用　　195

4.15　本章总结与实践题　　201

第 5 章　人与人的连接　　203

5.1　人际传播的数字化　　204

5.2　社会网络结构——社群传播背后的学问　　207

5.2.1　社会网络分析的意义　　208

5.2.2　社会网络分析的 3 个角度　　210

5.3　点燃人与人之间的社交关系链　　216

5.4　引荐与转介绍，构建高转化率的连接　　219

5.5　想快速引爆，从中心节点与意见领袖开始　　221

5.5.1　指定市场的中心节点　　222

5.5.2　意见领袖的连接应用　　226

5.6　打造全方位连接新通道　　228

5.6.1　结构化多层次的分发网络　　228

5.6.2　"铺设"自有网络传播通道　　229

5.7　传播动力学：开启新角度　　230

　　5.7.1　从传播动力学看人与人的连接　　231

　　5.7.2　激发和保护传播的动力　　233

5.8　疯传与裂变式连接　　237

　　5.8.1　疯传与增长背后的数学　　238

　　5.8.2　裂变系数与裂变式扩散　　238

5.9　本章总结与实践题　　242

第6章　走向未来的新 4C 法则　　244

6.1　欢迎进入场景感知时代　　244

6.2　Web 3.0 时代的新社群玩法　　248

　　6.2.1　价值观驱动社群发展　　248

　　6.2.2　Web 3.0 时代的社群运营　　249

　　6.2.3　元宇宙是新空间，更是接触年轻人的新方式　　250

6.3　内容新形式与引发的再思考　　251

6.4　新渠道——新网络的连接　　255

　　6.4.1　内容在社群中如何传播　　255

　　6.4.2　物联网、传感器等激活新连接　　257

6.5　融合的新 4C 法则　　260

6.6　本章总结与实践题　　263

参考文献　　266

第 1 章

数字时代新的方法论

社交媒体改变了人们搜索与分享信息的方式，也改变了我们做出购买决策的方式。营销主们必须意识到，如今已不是消费者"考虑"和"购买"的时代了，消费者对产品和品牌的"评价"和"拥护"成为影响购买环节的重要因素。

——Neasa Costin

1.1 引爆社群新 4C 法则

在互联网应用日益流行的当下，企业和品牌广告主的竞争优势已经不在于手里有多少广告预算（钱），也不在于掌握多少资源（技能），而是在于关键的岗位和关键的部门是否有可以帮助自己的人。也就是说，在新媒体平台上得有企业和品牌的"人"（铁杆粉丝）。否则，就算是你拿出 10 亿元的广告费扔给大众媒体，当你遇到危机的时候，它们依然不会为你两肋插刀。也就是说你不只需要曝光，未来更重要的战略是数字化客户关系管理，构建品牌私域社群。当发生危机事件以后，如果有 1000 人（不要小看这 1000 人，这是不小的能量）即使没有得到任何好处，也能站在你的角度帮你说好话，那么你的境地就会完全不同。所以那些一直用投广告的形式来进行品牌传播，没有考虑与用户进行心灵层面交流的企业，是时候考虑一下如何改进了。

面对这样一个碎片化、多屏幕的时代，营销的方法论也发生了变化。从杰瑞·麦卡锡（Jerry McCarthy）的 4P 理论，即产品（Product）、价格（Price）、渠道（Place）、促销（Promotion），到罗伯特·劳特朋（Robert Lauterbur）的 4C 理论，即消费者（Consumer）、成本（Cost）、便利（Convenience）和沟通（Communication），都无法成为满足新环境要求的营销方法体系。

为此，笔者结合多年的实践经验与思考，提出了数字时代营销的新 4C 法则，以帮助企业更好地应对新时代的挑战。

所谓新 4C 法则，就是企业可以在适合的场景（Context）下，针对特定的社群（Community），让有传播力的内容（Content）沿着人与人连接（Connection）的路径快速扩散与传播，最终获得有效的商业传播及价值的方法论。新 4C 法则的图形化示意如图 1-1 所示。

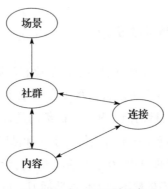

图 1-1　新 4C 法则示意

适合的场景就是在什么样的场景下，消费者及消费者的需求会更为集中，群体具有什么样的情绪及状态更便于营销。简单的消费者集中是不够的，更为重要的是批量的消费者需求能在较短时间内集中，这样的场景才是真正适合的场景。

人类在网络空间部落化（即社群），有效的营销传播方式将走向社群化，营销人员应该围绕潜在的社群努力。你要以企业产品上下游产业链的客户为目标，找出他们在网络空间"栖息"的据点——社群，并按照用户数、活跃度等参数对这些社群进行排序。这些社群就是企业应该进行工作、战斗的地方。

当然，你不仅要知道社群在哪里，还要尝试构建自己的社群与私域，以抓住自己的客户。例如，瑜伽服装品牌露露乐蒙（lululemon）之所以能引爆市场就是赢在了社群的构建和维护上。

数字时代营销与销售终于走向融合，但是在功能与应用场景上还有些许差异。两者的相同点是都通过传递内容来影响目标客户的心智与购买决策，最终获得客户对品牌的认知或者订单。

那么在数字时代，内容到底是什么？

- ❏ **直播带货中的销售话术是数字化的内容。**
- ❏ **短视频营销的本质是内容。**
- ❏ **公众号、朋友圈中转发的是内容。**
- ❏ **小红书、B站、知乎上种草的是内容。**
- ❏ **销售人员嘴里说的话是内容。**
- ❏ **宣传彩页、标书上写的是内容。**
- ❏ **电视广告、横幅等是内容。**
- ❏ **展会、展台的布置是内容。**

……

从此以后，你不必区分新媒体营销、传统销售、地推等方式，本质上来说它们都是在传递商业内容，只是在传递内容的方式上存在一些差异。它们的差异主要表现在 3 个方面：成本、效率和客户体验。那么在相同的时间与预算下，数字时代的营销和传统营销在传递内容的成本、效率上如何？

线下化妆品销售与导购，每天可以向 32 位客户传递产品内容，而在直播间有可能在相同的时间内向 1000 万潜在客户传递产品内容，销售业绩差距是显而易见的。

数字时代营销与销售：关键在于营售一体化，回到传递内容主线

首席营售官这一角色正在流行，这为数字时代营销、销售团队合并提供了灵感。营销、销售团队的业务目标不同，组建团队的方式也不同。统一领导的目的是弥合销售和营销之间的历史差距。首席营售官出现后，营销、销售两个部门开始合并，合并前后的对比如图 1-2 所示。

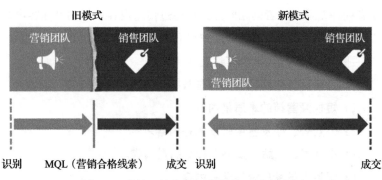

图 1-2　营销、销售部门合并前后对比示意

首席营售官会首先推动团队改革，重新安排并激活这一组合团队的职能，建立新的流程和关键绩效指标（KPI）。为了全面评估企业在市场上的成功度，企业需要以客户体验为考核的北极星指标，以传递内容的方式融合（营销＋销售）为抓手。

总体来说，未来的营售一体化公司只有一个关键目标：提供更

好的客户体验，帮助企业更好地满足客户需求。越来越多的企业发现营销和销售相结合能带来最大价值，可以最大限度地吸引客户。

图 1-3 所示为数字时代销售与客户经理类角色应该具备的核心能力，这也体现了对个体在传递商业内容方面的新要求。

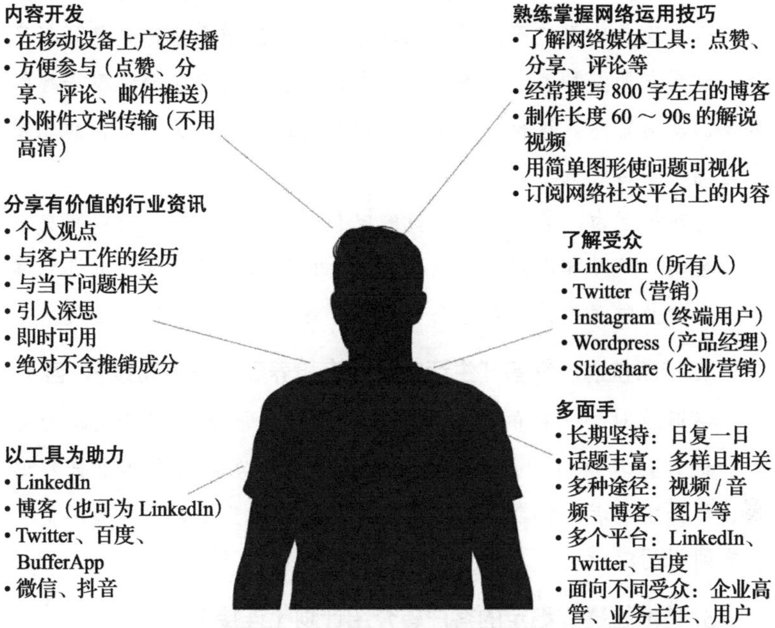

内容开发
- 在移动设备上广泛传播
- 方便参与（点赞、分享、评论、邮件推送）
- 小附件文档传输（不用高清）

熟练掌握网络运用技巧
- 了解网络媒体工具：点赞、分享、评论等
- 经常撰写 800 字左右的博客
- 制作长度 60 ～ 90s 的解说视频
- 用简单图形使问题可视化
- 订阅网络社交平台上的内容

分享有价值的行业资讯
- 个人观点
- 与客户工作的经历
- 与当下问题相关
- 引人深思
- 即时可用
- 绝对不含推销成分

了解受众
- LinkedIn（所有人）
- Twitter（营销）
- Instagram（终端用户）
- Wordpress（产品经理）
- Slideshare（企业营销）

多面手
- 长期坚持：日复一日
- 话题丰富：多样且相关
- 多种途径：视频 / 音频、博客、图片等
- 多个平台：LinkedIn、Twitter、百度
- 面向不同受众：企业高管、业务主任、用户

以工具为助力
- LinkedIn
- 博客（也可为 LinkedIn）
- Twitter、百度、BufferApp
- 微信、抖音

图 1-3　销售与客户经理类角色应该具备的核心能力

本质上来说，每家企业都必须是一家内容企业。

营销进入窄众时代，对所有群体都有影响的方法已经落伍，我们需要的是精准传播，尽量少骚扰不相关的群体。**针对特定群体，有效的传播方式是跟随社群的网络结构进行人与人的连接，实现内容的快速扩散与传播，以获得有效的传播效果及价值。**实现有效传播效果需要考虑社群的结构、社群特性、节点扩散的动力、个体传播的效果等，只有构建有效的连接机制，才会获得有价值的回报。

特斯拉汽车对新 4C 法则的实践

特斯拉作为汽车行业的创新者，不只有独特的跨代际性电动车，在营销与商业模式上也有许多创新之举。

1. 特斯拉不做传统意义上的广告（社群+内容）

特斯拉卖的不只是汽车，还是一种生活方式。特斯拉不投放电视广告，而是依靠口碑营销来拉动增长。特斯拉希望你先看到其产品，然后与朋友和家人谈论它，接着访问其网站并了解你感兴趣的汽车的所有信息。这样，你就可以以优惠的价格购买特斯拉而无须支付佣金给传统汽车销售员。

特斯拉因为不需要支付昂贵的电视宣传费用，所以可以将更多的资金用于产品和用户，可以更专注于讲述自己的故事。它还创建了一个由热爱汽车并希望与全世界分享这种爱的人组成的社群。

2. 特斯拉通过销售"生活方式"来培养吸引力（场景+内容）

特斯拉对外传播的内容通常以人们过着积极的户外生活为背景。这种内容吸引了很多人，而不仅是那些对电动汽车感兴趣的人、环保主义者。特斯拉致力于按照你的方式生活，并希望其他人也有同样的感受。

3. 特斯拉建立稳定的客户转介绍计划（连接）

特斯拉不采用销售人员推销的方式，更多依靠客户转介绍来帮助销售汽车。客户也可以将自己的朋友和家人推荐给特斯拉。当被推荐人订购特斯拉后，推荐人将获得 2000 美元的奖励。

4. 特斯拉利用 CEO 在社交媒体上的影响力（社群+内容）

特斯拉 CEO 埃隆·马斯克（Elon Musk）是社交媒体上著名的人物。他在 Twitter 上拥有超过 9950 万粉丝，并经常利用这个平台来推广特斯拉的产品和服务。这种方法在打造特斯拉品牌方面非常有效。马斯克在社交媒体上的存在为公司增添了人性化的面孔，并使其与客户的关系更加密切。特斯拉还利用马斯克的名人效应来产生免费的媒体报道。

5. 特斯拉关注客户的售后支持（连接）

特斯拉一直持续为客户提供高质量的售后支持，把客户满意度作为企业战略性关键指标，其客户服务团队得到普遍认可。

1.2　场景能让营销信息更有效地深入人心

场景是背景，更是时机。

场景有 4 个关键组成部分：时间、地点、需求、情绪。场景的线性差异与连贯性集中体现在时间维度上。地点是场景的空间维度，这个空间包括物理空间、虚拟空间等。需求是隐藏在场景中的商业关键密码，没有需求的场景就没有营销价值。情绪不可或缺，它对营销效果与转化率影响巨大。

杜蕾斯曾做过一个经典的雨天营销案例（见图 1-4）。该案例的场景是：在下班前下了场暴雨，当时大家都在关注下班怎么往家走。杜蕾斯抓住时机，融合娱乐营销的理念，很好地聚集了网民的注意力，这是一次非常精明的营销传播操作。

极致的场景体验的实质是在用户有需求或欲望时，为合适的人提供合适的信息及合适的服务。针对用户在特定场景下的动机、需求以及所驱使的行为进行信息搜集和分析，找到产品与服务在该场景中的嵌入点，通过将服务和产品嵌入场景中满足用户需求。

不同场景下的企业传播，在思路及实际操作中也有许多不同，看下面几个示例。

❑ 重视短期成效：购买广告资源，紧盯绩效指标，并配以活动。

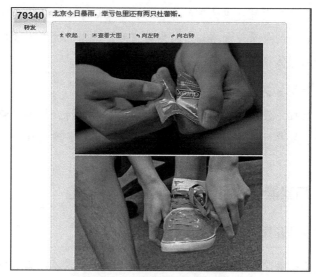

图 1-4　杜蕾斯营销案例

❑ 新产品上市：从种子用户社群入手，通过种草来获得口碑，之后再推向大众。

❑ 新品牌推广：互联网公关先行，做好线上口碑，然后大量进行媒介投放。

❑ 长期品牌维护：构建私域流量池，关注社交媒体上的口碑、声量与互动。

1.3　营销要精准，就必须深入目标客户的社群

我们正从大众传播时代走入社群时代，两个时代在理念和行为上有鲜明的差异，如表 1-1 所示。例如，我们之前关注的是信息的传播，现在转而关注关系的构建与对话。许多企业虽然卖出了大量产品，拥有大量的客户，却没有建立起有效的社群。即使有客户数据，也仅是一些简单的购买记录，没有相应的对客户消费心理、消

费行为的分析以及营销策略的支持，这就如同一个人捧着金饭碗讨饭一样。为此，企业有必要重新思考自身的社群战略。

表1-1 大众传播时代与社群时代的对比

对比维度	大众传播时代	社群时代
企业网站的作用	信息的聚集	关系的构建
常用工具	Web 1.0的搜索/信息广播	Web 2.0协作/对话
信任度	对企业半信半疑	对企业信任
可测量性	有限的预算 地理边界限制 大规模生产	病毒传播 没有边界 个性化定制
关键措施	品牌认知 品牌满意度	口碑传播 品牌参与度

建立社群的目的不是投放广告，而是构建企业与用户之间的信任，降低交易成本。

社群努力的方向是情感连接，使用户形成态度上、行为上的忠诚，即让用户真诚推荐你，而你关注用户的终身价值。在以客户为中心的路上，你需要围绕客户来进行组织变革与商业模式设计，而不是围绕产品来设计组织架构，即从产品研发、生产、制造、销售的企业部门组织架构走向洞察客户、服务客户、经营客户的组织架构。

推动社群策略，你将在以下方面有所收获：

❑ 增加销售业绩；

❑ 获得更多用户流量；

❑ 节约营销传播成本；

❑ 加强营销有效性；

❑ 夯实品牌忠诚度；

❑ 提升运营能力；

❑ 支撑新产品研发；

❑ 获得更多交叉销售机会；

❑ 获得优秀的洞察和用户反馈；

❑ 获得竞争情报和市场需求先机；

❑ 便于前期调研和市场导入；

❑ 获得公共辩护支持，更好地管理危机；

❑ 获得用户口碑传播；

❑ 减少客户服务成本；

❑ 构建以客户为中心的组织；

❑ 激励员工和供应商；

❑ 获得新的分销、销售机会。

目标客户总是成群结队聚集在网络空间或者通过特定社会网络结构相互连接。针对这种情况，最有效的营销方法就是将这些人一群一群地"引爆"，这样营销、传播的效率和速度都会非常高。但遗憾的是，现在很多企业还是通过电话、拜访、传统广告等形式进行营销，营销的效果明显比社群营销差很多。

在阿里巴巴，有一段时间 B2B 平台面临企业用户续费率下降、抱怨增多的困境。团队为了寻求解决方法，重新开设了中国供应商和海外供应商的 BBS 社区。团队邀请曾经的 BBS 版主、意见领袖一起开启动会。领导层首先向大家道歉，说过往忙着其他事务，走得太远了，都不知道企业对阿里巴巴的产品需求和建议了。这也是一种社群营销的思考路径，如果这群网商被竞争对手收拢，将对阿里巴巴产生颠覆性的影响。

在互联网时代，最可怜的企业是那些没有话题、没人讨论的企业，你需要激发用户去讨论你。维多利亚的秘密在 Twitter 上口碑和热度常常是高居榜首的（见图 1-5），之所以能达到这个效果，就是因为有很多人在讨论某个模特的身材以及维多利亚的秘密的新品。

每一个有梦想的企业在互联网上都要有一个自己的家，当客户想你的时候，这里就是一个互联网上的驿站，客户在这里可以抱团取暖，聊聊天，从而帮助企业将更多的客户留住。

图 1-5   维多利亚的秘密在 Twitter 上的展示

阿那亚地产的新社群、新商业

阿那亚是国内成功转型的地产企业之一。阿那亚创始人马寅说："对于我们来说，卖完房子，只是服务的开始。只有通过优秀的服务才能赚钱，这是正确的盈利模式。"如果说阿那亚什么战略最成功，那一定是社群驱动的战略。

阿那亚社区建设了大量的公共空间、社群，组织各种类型的活动，"逼"客户变成熟人，让社区成为客户的精神家园，让客户在这里找到安全感和归属感。社区的业主往往互相认识，有些人回到社区，是因为邻居叫他回来一起吃饭。只有建立了这种熟人联系之后，大家在线上才能用熟人的方式沟通、互动。那种业主在小区业主群互怼的现象在阿那亚是没有的。此外，在阿那亚，还有超过100 个兴趣群，涵盖了自驾、戏剧、电影、足球等。阿那亚一年差不多组织 1000 场大大小小的活动，这些活动把大家连接、融合到了一起。

社区中 70% 的服务型收入来源于访客。阿那亚每年要接待近 300 万访客。访客已经成为阿那亚主流的消费群体，正是因为社群运营，不但让房子保值，而且让出租的客户能获得可观的收益。

1.4 内容是一切营销传播的本质

自媒体商业的核心逻辑、商业路径是内容—用户—商业。 通过内容沉淀用户，然后基于垂直用户群构建社群或平台，接着向那些想和用户发生关系的企业兜售。以直播带货为例，想成为网红，唯一抓手是输出内容，通过内容吸引粉丝，然后针对粉丝群体进行直播带货（传递内容）。

VR/AR、音视频等内容形式正流行，这对营销提出了新要求，需要产生新规则，需要营销人员练就新技能。5G 等智能终端对人们生活和工作的渗透，正在掀起新的内容风暴，谁忽视这个时代，谁就将被这个时代抛弃。

你需要充分认识到如下情况。

❑ VR/AR 等新内容形式正在崛起。

❑ 作为营销信息的传播载体，文字呈现出一定的缩减趋势。

❑ 视频作为营销信息的传播载体，属于它的大时代才刚刚开始。

❑ UGC 成为内容平台的主体，但是 PGC/OGC 常常占据头部。

未来企业进行营销最为重要的一步是：**企业如何结合经营情况将自身的商业目标（获客、品牌认知、激活老客户）"翻译"成具有可读性和有传播力的内容**，如图 1-6 所示。这里用"翻译"两个字，就是要告诉你，你需要根据你的目的来改写内容，通过内容实现商业诉求。**想要将日常经营诉求"翻译"成客户爱看、爱听的内容，又不忘商业价值，这是一种高阶技能。**

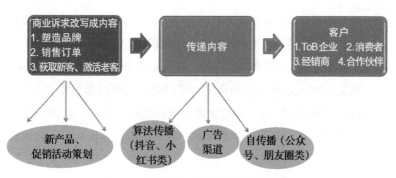

图 1-6　"翻译"商业目标的过程示意

　　内容营销主要考虑如何更好地利用既有的互联网工具来宣传、销售产品。互联网为企业和品牌提供了大量展示专业知识和思想的工具，通过这些工具可减少与客户发生摩擦和产生信息不对称等情况的概率。若用一句话形容内容营销的效果，那就是"随风潜入夜，润物细无声"。

　　内容营销主要从分享、协同、给予客户答案的角度来向消费者传递信息，而传统营销更多的是通过打断用户思考、视角、听觉来暴力传递产品信息。 企业做内容的核心是将浏览者变成购买者，然后进一步让购买者成为回头客或狂热的追随者、倡导者。企业通过内容加深与客户的关系，通过持续不断地创造消费者关注的内容，激励消费者和企业进行互动，最终获得商业价值。

　　数字营销最重要的工作是做好企业的内容，即要把产品、品牌以适合的形式和方式传播出去。品牌广告的传统思路是：新产品出来先打产品广告——"王婆卖瓜，自卖自夸"，让客户熟悉，然后再考虑忠诚度。如今网络信息琳琅满目，用户的注意力难以集中，此时若还奢望用传统营销获得之前的效果，那就有些痴人说梦了。

　　过去30年中国的广告考虑的是传播的广度，很少考虑传播的深度。若当下广告还这样，那注定会失败。消费者喜欢的是具有幽默精神、娱乐精神并能充分感知企业价值的内容。可悲的是，现在很多企业官网、微博上的内容依旧是消费者讨厌的"装正经"类的内容。这类内容根本无法进入消费者的心智，更别谈影响消费者的购买行为了。

从认知度、互动参与的角度，可以将新媒体内容形式分布到 4 个区间，具体见图 1-7。你想达成什么样的商业目的，就需要选择合适的内容形式。例如近年来火热的种草内容就是高转化、高互动性的内容。

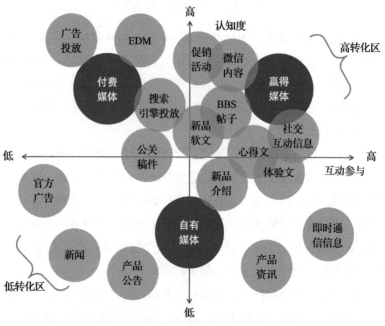

图 1-7　新媒体内容形式

新媒体给了企业更多机会。通过新媒体，企业可以与消费者进行心灵的沟通。你应该尝试对商业信息进行多元化呈现，例如通过漫画、白皮书、短视频、数字藏品等形式综合呈现，同时将情绪、态度、文化、价值观注入其中，那么营销传播效果将明显不一样。

蒂芙尼独霸一种颜色——稀缺内容法

收到蒂芙尼（Tiffany）的蓝色盒子，知道里面会是一件精美绝伦的礼物，女孩子们常常会感到愉悦。经典的蒂芙尼蓝色盒子被视为浪漫、奢华和品质的代表。

蒂芙尼的产品和包装

蒂芙尼品牌标识与颜色的联系非常紧密，蒂芙尼蓝作为颜色商标受到蒂芙尼公司的保护。蒂芙尼蓝是一种悠久的颜色、著名的蓝色，有时被描述为知更鸟蛋蓝。蒂芙尼蓝是由潘通公司 Pantone 为蒂芙尼私人定制的颜色，PMS 参考编号为 1837，这个编号代表蒂芙尼成立的年份。

没有其他商标颜色与其品牌联系如此紧密。它的色调（RGB 82、183、189）柔和而富有女性化，又不显花哨；它俏皮而轻盈，又不显轻浮。蒂芙尼用其独特的蓝色涂刷很多东西，从出租车到店面颜色，目的就是和用户产生共鸣。

1.5　轻轻一推，引爆社群传播链条

新 4C 法则聚焦在精准营销上，它所代表的营销是一种节约式、少骚扰式的营销，最终目的是让信息在目标客户群中引爆。新

4C 法则中人与人的连接承担提高内容覆盖度、传播效率的责任。
通过对社群网络连接的拿捏，你才可以让信息"渗透"到目标客户，并直接呈现核心内容，从而减少扰民的无效广播。

邓肯·瓦茨和史蒂夫·斯托加茨提出的"小世界"理论的核心观点是：社会网络上数量不多（路径较短）的紧密联系的一群人所形成的小世界圈子，具备了传递性好、相对独立的特点，如图 1-8 所示。信息可以从多个路径由一个小圈子流入另一个小圈子，信息在特定人群中的传播具有微定向性和可扩散性。

图 1-8　社会网络示意

社会学家格兰·诺维特提出的弱连接理论也可用在连接营销中。该理论指出，与一个人的工作和事业最密切的社会关系并不是强连接，而是弱连接。弱连接虽然不如强连接那样坚固，却有着极高的、低成本的传播效率。

尼古拉斯·克里斯塔基斯在《大连接》中针对强弱连接也提出了自己的看法，他认为：**强连接引发行为，弱连接传递信息。弱连接常常扮演不同群体间桥梁的角色，通过弱连接可以将不同的圈子连接起来。连接起来的标志性表现是，信息可以通过这些圈子的弱**

连接迅速渗透到通过强连接构建的社群中。

艾伯特 – 拉斯洛·巴拉巴西在《链接：网络新科学》中也特别关注中心节点和连接者在传播中的作用。中心节点的存在颠覆了互联网空间绝对平等的幻想。虽然每个人都有权利在互联网中发布内容（微博、短视频、直播），但是会不会有人注意到却是一个大问题。

搜索引擎的算法是通过集群的方式计算出中心节点，当众多网站指向某个网站时，这就意味着这个网站的 PR 值高，它就是互联网中的一个中心节点，也意味着它将获得更多的曝光和流量。

实际应用人与人的连接时，你需要关注如下问题。

❑ 如何找到目标客户群的中心节点？

❑ 如何利用圈子和圈子之间的连接抓住连接者，引爆流行？

❑ 如何实现围观层面的连接、口碑传播的机制和动力？

探寻营销的传播轨迹就是绘制目标客户群的连接之旅。

SHEIN 通过海外连接撬动流行

企业"出海"是一个热门话题，电商公司 SHEIN 在这方面做得非常优秀。在海外营销层面，SHEIN 在传统搜索引擎营销方面做得不错，在社交媒体营销方面更是积极发力，尤其是影响者营销和网红连接推广。通过与海外 KOL 的合作，SHEIN 迅速引爆了特定本地化圈层与市场。

❑ 与时尚、穿搭等各种类型的网红大量合作，这些网红的粉丝少的有几百，多的有几百万上千万。SHEIN 通过长尾网红吸引流量和作外链，通过中部网红带货，通过头部大网红进行品牌传播。

❑ SHEIN 内部有专门的红人团队。他们按照国家（语言）对网红进行分组，并定向找到各个国家的网红做测评。

❑ 网红测评方式有包裹开箱、真人试穿解说、收获客户真实点评等。

☐ 免费送衣服、寄样品让网红试穿试用，给红人赠送独家优惠券来进行转化。

☐ 利用联盟营销吸引用户自发购买衣服并制作测评视频，然后支付相应的佣金。

☐ 与头部大网红进行付费合作，以提升品牌形象。

SHEIN 取得的结果也非常明显。

☐ **获得精准流量**。比如它与时尚类的 KOL 合作，新增的都是对时尚感兴趣的精准粉。

☐ **提高了流量转化率**。有 KOL 或者 KOC 的背书，再加上提供独家折扣福利，流量自然更容易转化。

☐ **获得长期性连接合作流量，同时塑造了品牌价值。**

与在 Google 和 Meta 上投放广告，广告停止后效果立刻消失不同，红人的测评视频会长期在 YouTube 上获得推荐，流量源源不断，在这个过程中逐步实现对品牌的塑造。

本书探讨的是在合适的场景下，针对你的目标社群，通过有传播力的内容引发快速的裂变和人与人之间的连接，从而实现引爆社群的效果。

新 4C 法则诠释了新环境下营销传播的方法，具有自己独特的自洽逻辑和鲜活的生命力。**虽说新 4C 法则与之前的理论有不少差别，但因为营销的本质始终没有变**，所以新 4C 法则与其他理论在知识范畴上有许多交集：新 4C 法则中的内容是经典广告学中文案的新演绎，特定的社群是受众概念的新演绎，社会网络的连接接替了其他理论中的传播媒介。

要说新 4C 法则最大的特点，那就是第一次将场景提升到前所未有的高度。当下，场景对营销的意义比以往任何时刻都重要。下面就让我们在第 2 章开启对场景的探索之旅吧！

第 2 章

充满魅力的场景

当你和一个人交流时，如果你用了他熟悉的语言，那么他会明白你的意思；如果你用了专属于他自己的方式，那么他会把你记在心里。

——Nelson Mandela

2.1　从流量入口到场景之争

PC 互联网时代争夺的是流量入口，而移动互联网时代争夺的是场景。场景之所以比流量入口重要，是因为移动互联网时代生活更加碎片化。PC 互联网时代，信息及生意是相对聚合的，典型代表是淘宝、京东这样的网络流量入口。移动互联网时代，你可以尝试将人们的衣、食、住、行、工作、学习、社交等环节的场景作为切入点，找到新场景就能获得新商业机会。

用户在什么时间、什么样的场景下会使用你的产品？产品在用户生活的场景中充当什么样的角色？搞清楚了这几个问题，就找到了场景之争的核心。"场景需要规模效应"这句话可为从业者指明方向，因为场景最终带来的是用户。如果一个场景无法覆盖庞大的人群，那么这个场景就不是"风口"，不是机会。

场景是由时间、地点、需求、情绪等多重元素界定出来的一个小世界，如图 2-1 所示。场景就是传播的环境及相关因素的总和，它是营销发生的背景。场景关注的是客户在物理位置上的集中、需求的集中、群体情绪及状态的集中。"场景"在新 4C 法则中的应用不同于 4P 理论，不是简单的销售渠道的概念。

图 2-1　场景组成示意

之所以在新 4C 法则中赋予"场景"特殊地位，是因为在当下的环境中，如果你利用好场景，那么就可以让商业内容更好地传播到目标客户。善用场景的力量，可提高扩散速度和传播效率，让传播效果更好。

基于场景思维，如果让你描绘果汁很新鲜、养的鸡是野生的这类抽象的产品特征，你要如何做？法国有一家超市推出了一款"即时鲜榨"的果汁。果汁的品牌名就是它被榨出的时间，精确到分钟，比如有的是 9:33，有的是 10:12，每一瓶都独一无二。这种果汁推出之后，超市的用户增加了 25%，果汁销量提高了 4600%，在社交媒体上曝光 3 小时，讨论过亿条。

英国有一家中高档超市，主打新鲜食材。该超市在网上开了一个直播频道，直播农场里的油菜地、奶牛养殖场和养鸡场。通过奶牛的角度来拍摄（把摄像机挂在奶牛身上），奶牛晃动的视角可生动地告诉你超市的食材是纯天然的。逼真的场景复原，让抽象的产品描述变得简单且生动。

场景营销就是要抓住消费者需求最为集中的时间、地点并满足他；场景营销就是要抓住消费者更容易接受营销信息的机会，进行有效沟通；场景营销就是要充分考虑大环境、微环境，以及特定的情绪氛围等，做到因地制宜、因势利导。抓住场景，你离有效传播就更进一步。

拓展产品消费场景，获新结构增长

中国人的酒文化和饮食文化是分不开的，一般来说，白酒是吃中餐时喝的，吃西餐多半会点红酒。在中国，用餐是饮酒的重要场景，另一个重要场景是社交聚会，比如在唱 KTV 或者去"蹦迪"时。所以一直以来，高端红酒的主要销售渠道是夜店、西餐厅等场所。

轩尼诗意识到，要找到产品新的增长点，就必须在餐饮文化中寻求突破。**为此，轩尼诗的营销传播围绕一个关键场景展开——每一款酒都可以跟中餐搭配。轩尼诗强调，无论是南方菜系还是北方菜系，其产品都可以与之搭配得非常好，两者之间可以在口感上互相提升。**

为了进一步渗透中国市场，轩尼诗把餐饮时的用酒文化不断推向各地，在全国推广了一系列线下活动。它希望在这个过程中培养客户，尤其是那些不断发展的中产客户。轩尼诗告诉客户，在庆典上或者在品尝美食时配上轩尼诗的干邑，会使场景更有氛围感。轩尼诗还不断与客户互动，并着重介绍轩尼诗干邑与美食的搭配，以走进客户的生活场景。

引爆产品销量，在盯着既有产品功能定位的同时，不断拓展产品使用场景是一个不错的思路。轩尼诗在这方面达到了不错的效果。

2.2 时间是场景的起点

时间是场景中最关键的一个点。时间即时机，错失后将无法逆转。从影响人群的角度看，时间又可以分为群体时间和个体时间。

2.2.1 用好时间场景的方法

笔者经常会问营销人员："早上 8:30 发短视频、社交媒体内容，你都考虑了什么情况？"听到的答案大多是营销策划、内容层面的，鲜有人站在场景的角度来思考这个时间点与其他时间点的不同。不考虑受众的时间场景，这是相当不专业的表现。

在早上 8:30，要发布营销类的内容，你就要问自己："我的目标客户现在处于什么样状态下？"

❑ 二三线城市的粉丝可能已经到达单位，并打开了电脑。

❑ 一线城市的粉丝也许正在挤地铁，还在上班的路上。

想要获得好的营销传播效果，必须关注时间线。这样才是从用户出发。当然，我们无法照顾到每一个用户（也许 8:30 还有人在睡觉），企业关注的是批量用户在时间场景下的情况，这类时间就是群体时间，对应的单个人的时间就是个体时间。

典型白领用户的群体时间有早高峰、上午工作、午餐、午休、下午工作、下班、晚间娱乐、睡觉前，其他还有周末、节假日等。

不同的用户有其特别的时间场景，例如，学生群体有开学时间场景、寒暑假时间场景、备考时间场景等。我们需要在充分分析目标用户的前提下，以吻合他们的时间场景的方式与之进行沟通。

不同时间场景下进行有效沟通的建议如下。

❑ 在早上上班的路上，消费者可能想获得一天的新闻信息，尤其是积极正面的信息，此时就可以推送一些有价值的信息。

- 在中午 12 点左右会有一个小的网络社交高峰，这是因为许多用户在午餐时会用手机来刷社交软件，寻找与午餐相关的谈资。企业可以发布一些有话题性的内容，引发大家讨论。

- 下午是一个不太适合在互联网上进行营销传播的时间点，这是因为用户下午要么专心忙于工作、学习，要么昏昏欲睡。这段时间属于平淡期。

- 晚间适合娱乐，尤其是睡觉前，对此我们如何借势？在这个时间点发布一些与音乐、电影、文学相关的话题，动作不宜过猛、过急，要有犹如和老友喝杯咖啡、聊聊天的感觉。

时间场景选择的关键点如下。

- 要关注用户群在时间上的行为规律。

- 要考虑前后左右时间点之间可能的影响，如节假日之前的几天。

- 要有备选方案，在预期的时间场景中，可能会因受到其他场景、话题的冲击而不再适合发布规划好的内容。

 实战点拨

时间场景在应用中很常见，例如：

- 微信公众平台的内容发送，核心问题就是：什么时间给粉丝推送内容？目标客户是不是会被覆盖？粉丝会在什么时间阅读？如果按照这样的路径思考下去，很容易找出推送内容的场景。

- 如果你负责一个电话营销小组，那么你会如何安排组员打电话的时间？笔者见到许多团队根本不考虑接电话人所处的场景，这样做就会导致打电话的效果很差。小诀窍就是找到接电话人方便或者乐于接受的时间点。笔者在给企业讲课时经常会说："客户需要时，你过来那是服务；客户不需要时，你过来那是骚扰。"问题的关键点是"如何抓住消费者需求的那个特定的场景"。

那么，如何从时间场景的角度考虑问题呢？在给某家居建材企业做战略顾问的时候，笔者指导该企业沿着时间场景探索增长路径。该企业发现一年中最重要的时间场景是春节后的一个月，究其原因，这与中国人的习惯有关。因为中国人都喜欢过完年后装修、创业……显而易见，家居建材企业的促销必须针对这个时间场景展开，如果错过，营销效率就会很低。

史玉柱在创业初期，仅抓住每年春节、中秋节的 25 天时间场景，就实现了脑白金年度销售额的 80%。在这 25 天，是女婿、儿女采购礼物上门看望长辈的高峰期。在这样的时间场景下，购买礼品的需求是集中的、批量的，而且是短期内要得到满足的。

高校新生入学也是一个很重要的时间场景。你可以看到中国移动、中国联通、中国电信在每年新生入学时都会铆着劲在校园中做促销工作，因为这个时间场景下的客户需求是批量的，如果拿下这个场景下的需求，就可以获得一批为期 4 年甚至更多年的稳定客户。

场景是活的，仅找到时间场景还不行，在日常商业实践中，还需要针对行业特性及竞争局面来驾驭场景。在合适的时间场景下进行营销，若再可以考虑消费群体的行为和心理，那么就可以轻松触发并引爆销售。

抓住午餐时间段的电梯空间，通过新奇的包装迅速引爆市场

上海外滩餐饮公司的创新营销方式给了笔者许多启发。当这家公司决定进入盒饭市场后就去台湾进行了考察，因为台湾的便当行业是比较成熟的。到台湾后，团队考察了台湾各种便当的包装及菜品配置，发现台湾便当不仅种类丰富，而且包装也很精致。

回来后团队就模仿台湾，设计了新奇、能抓人眼球的包装。送餐员在给客户送餐的过程中，不论是在电梯里还是在办公室里都会因为包装获得用户关注，从而推动获客机器自动运转。

在午餐场景（11:00—12:30），CBD 电梯常常很拥挤。开店初期，该公司雇用兼职人员在这个时间段一直站在电梯里提着漂亮的午餐包装，"假装"送盒饭。通过这样的方式该公司快速抓住了路过的人的眼球，并激发了他们的购买需求。

不起眼的场景应用创新，帮该公司轻松化解了新店种子用户获取的问题。该公司巧用场景与吸睛内容将 35 ～ 80 元一份的快餐做到年入近千万元的市场规模。

2.2.2 走向实时营销

实时营销（Real-Time Marketing）是数字时代营销新趋势。实时营销的关键是使用实时数据、技术元素来创建个性化和交互式的用户体验。实时营销要求基于快速、相关和吸引人的原则来落地。当有热点事件或者趋势发生时，企业需要即刻将自身产品或服务融入其中。

1. 实时营销成为新趋势的推动因素

实时营销成为新趋势的 3 个推动因素如下。

❑ **预测客户需求**：为了快速反应，企业需要预测客户在特定时刻的需求。这需要你对客户与趋势有深刻的了解，这样才能创造出吸引客户的内容。物联网、传感器、人工智能等技术为企业监测客户、洞察需求赋能。

□ **相关信息**：实时营销要求输出的内容与正在发生的趋势、热点事件相关。

□ **敏捷性**：因为实时营销具有快节奏特性，所以敏捷性成为实时营销成功的关键，你需要快速高效地创建相关内容。

实时营销是一种不遵循传统营销模式的新营销策略，它的好处有如下几个。

□ **提高竞争优势**：能够与目标受众实时互动，具有明显的竞争优势。

□ **增加参与度**：在特定时间场景下及时给客户提供相应的解决方案并创造客户价值。

□ **提高知名度**：如果做得正确，实时营销可以提高品牌知名度和影响力，甚至促进客户之间的连接。

□ **更好的投资回报率**：实时营销更有针对性和吸引力。实时营销因为自带时效性，所以企业可以更好地评估所取得的效果，明确什么动作有效，什么动作无效。

2. 实施实时营销的挑战

虽然数据分析已成为媒体和广告行业的基本要素，甚至可以为实时优化提供依据，但是，落地实时营销依然存在一些挑战，这主要体现在如下几个方面。

□ **时间敏感性**：实时营销的主要挑战来自时间敏感性。这意味着你只有很小的窗口期来利用相应的事件。

□ **资源分配**：实时营销需要临时配备专门的资源。对于习惯于提前规划营销活动的企业来说，这是一个非常大的挑战。

□ **技术挑战**：例如，一家企业想要针对时事制作视频，就需要在短时间内提供必要的设备并给出结果，而保证这些设备马上就可以正常运行，需要一定的技术积累。

3. 实时营销实践

虽然实时营销落地存在诸多障碍，但是企业一直在想方设法让实时营销发挥作用。数字时代实时营销首先需要从社交媒体开始。在使用社交媒体进行实时营销时，需要进行如下操作。

- ❑ **监控**：企业不断监控社交媒体平台，寻找与目标受众互动的机会。可以采用热门话题，甚至是突发新闻等。
- ❑ **响应**：一旦发现机会，企业就需要迅速采取行动并做出相应的响应。通常响应采用社交媒体内容来呈现，例如短视频、文章、帖子等。

社交聆听是有效实施实时营销的关键。如果没有人在听，分享及时、相关的内容依然无法获得想要的效果。而当品牌与用户就某事件进行有意义的对话时，实时营销的效果才会更好。

2.2.3　留意触发事件和购买窗口期

触发事件，指的是打破现状，迫使买家立刻进入购买窗口期进行采购的行为。

某些潜在客户的购买窗口期非常容易判断，因为他们有固定的预算周期或合约时限。**但大多数潜在客户的购买窗口期都无规律可循，而内部事件、行业动态、宏观经济走势、安全问题、就业环境、市场趋势……都可能成为触发事件。**比如，你的老客户跳槽到另一家公司，对于这个客户来说，新的购买窗口期肯定会出现，这时你就该再次出击了。

你可以通过社交媒体留意客户的动向，比如通过微信等社交平台提供的创建单独名单和特别关注分组功能，就可以随时留意固定客户群体的动向。你需要持续关注新信息流和更新提示，这非常重要。另外，有些潜在客户会在私域社群中"邂逅"触发事件，对此你也需要特别留意，比如关注这些群组中的消息记录。

亚马逊在美国拥有约 1.72 亿个 Prime 会员，每个会员的年费是 139 美元，仅凭会员年费亚马逊每年就可以收入 200 多亿美元。亚马逊是如何实现会员指数级增长，并抓住超级用户的？除去相关服务和音乐娱乐加持外，亚马逊的一招鲜是：只抓客户人生关键窗口期做营销。

亚马逊通过大数据知道会员人生重大事件发生的时间，比如，结婚、生小孩或者购买了第一套房产。这样的窗口期往往让人感到压力倍增，而拥有一个 Prime 账户可以让生活变得简单，它可以让你在一个网站上购买到所需的全部物品，且享受快速免费的配送服务。

体验过一段时间的 Prime 会员后，用户就会对这种一键购买、免费配送的便捷购物方式产生依赖，基本上不会再浏览其他电商网站。这意味着针对同一款产品，用户不会再到处比价。亚马逊将一群对价格不敏感的用户锁定在了自己的生态系统里。

2.3 本地化商业大时代才开始

2.3.1 地点是场景的舞台

在传统营销中，关注地点其实更多的是关注销售的物理环境。物理环境包括店面的装饰、气味、光线及其他环绕在消费者和产品周围的有形物质。在物理环境中，亮色调比暗色调更能吸引人；花香四溢的零售环境会增加产品销量；音乐能够影响消费者的情绪，而情绪会影响众多的消费行为；店内拥挤会使客户产生负面情绪，所以应关注如何在卖场减少客户的拥挤感。

梅奥诊所之所以得到业界的广泛认可，不仅因为它的肿瘤、心脏病、呼吸系统等科室实力非常强悍，还因为它更关注患者的体验。

　　在梅奥诊所成立初期，就确立了患者的利益高于其他一切利益的宗旨。从场景出发，梅奥诊所打造就医体验。进入大楼前，诊所的迎宾人员会面带微笑问候患者，甚至有可能叫出每个人的名字。在空间场景设计上，追求患者在见到医生之前看到的一切都是美好的。梅奥诊所总部的建筑拥有非常大的开放式空间，有巨大的窗户，这些都是强调人文与场景感受的设计体现。

梅奥诊所总部

　　人的一切商业行为都与地点有关，有的地点是触发行业行为的"强"因素，有的地点是处于次要地位的"弱"因素。江南春通过观察，发现电梯内的人经常无所事事，于是他突发奇想：是不是可以在这个物理空间中放入企业广告，供人欣赏？通过努力，分众迅速获得资本市场认同。在移动互联网时代，消费者的行为发生了变化，许多人低头玩自己的手机，不再东张西望，电梯广告的价值减弱。江南春积极拥抱移动互联网，探索如何将地点和消费者的注意力进行数字化融合。

　　分众的商业化成功也引来许多跟风者，你占据电梯，它就占据机场、超市、理发店、咖啡馆、地铁站，甚至有的企业将广告投放到洗手间。这一切举动都没有错，目的都是卡位消费者的地点场景。问题是需要考虑消费者参与的情况，投放符合地点场景的内容。在洗手间的场景下，适合投放什么样的广告？这样就形成一个很好的思考模式：在某一特定场景下，什么样的信息具有更好的效果？

你可以经常看到因为地点场景选择不对，导致营销效果不好的案例。例如，在市区经常会有人拉着你说："要不要上我们 ×× 英语培训课程？""到我们美容中心去美肤吧！"这样的行为明显没有很好地理解场景的概念。在市区，你让人去报名学英语、做美容，营销者思考的路径仅是这里人多，没有考虑到在这样的场景下消费者的需求并不能集中呈现，以致最终营销效果差。

周黑鸭走高端路线，产品定价是同行的 1.5 ～ 2 倍。绝味鸭脖走平价路线，主打好吃不贵，轻松实现"鸭脖自由"。周黑鸭走自营模式，开店策略是保持品质，小步慢行，求精不求多，店铺主要开在一、二线城市的综合商超和交通枢纽位置，比如高铁站和机场。绝味鸭脖以加盟为主，开店策略是快速扩张，饱和开店，像毛细血管一样遍布各地，大多是三、四线城市的街边店和社区店，一线城市的门店只占全部门店的 10%。

因为周黑鸭采用自营模式，所以店开得越多管理成本越高，单位成本没有因为规模效应而降低多少。而绝味鸭脖采用加盟模式，所以本质上是一个"自建渠道的食品供应链公司"，能够最大化享受规模效应，加盟店越多，采购成本、生产成本、配送成本就越低。

一家企业是选择自营还是加盟，取决于创造最大价值的环节在哪里。如果创造最大价值的环节在门店那就应该选择自营，比如星巴克主打的第三空间；如果创造最大价值的环节是在供应链那就应该选择加盟，比如麦当劳、7-11。在卤味小吃这个场景下，消费者即买即走，基本不需要门店服务，所以加盟供应链经营模式更适合。

绝味鸭脖把供应链做出了竞争力，甚至把供应链体系单独拿出来成立了配送公司，名字叫"绝配"，为其他餐饮同行提供配送服务。这就像京东把京东物流拿出来，对外提供物流服务一样。2021 年绝味食品的绝配物流和供应链营业收入达到了 5.4 亿元，同比增长212%，成为一条耀眼的第二增长曲线。

周黑鸭和绝味鸭脖构建的商业与营销模型是以地理位置为原点出发的，不同的选择造就不同的命运，当然也会面对不同的挑战，而未来只属于能够持续创造价值的组织。

再来看一个地点场景的例子。假设你要跟一直都以电话形式联络的客户会面，虽然你只有到了现场才会见到客户，但是**即将走入客户所在的办公大楼时，你可以根据办公大楼的环境先进行仪容仪表检查，保证你的仪容仪表与客户场景更为协调。**

如果会面地点是一栋现代的科技大楼，你穿着西装将会给客户最好的印象。但是如果客户的公司位于一家残破而古老的商业大楼中，你穿得休闲一点可能会让客户觉得比较舒服。在这种情景下，你应该把西装外套留在车上，并换上一双休闲鞋。

销售人员通常每天都会跟不同的客户（包括潜在客户）沟通。因此，想通过单一款式的服装给每个客户都留下好印象，是一件不可能完成的任务。

2.3.2　数字时代本地化商业与营销

互联网对国内本地生活服务市场的渗透率低，巨大的市场空间背后是尚未完全释放的市场潜力。本地生活服务消费规模增长与本地内容消费兴趣增长相辅相成，本地化营销的机会很大。本地化营销能力将成为商家的核心竞争力，商家可以基于本地进行数字化引流，获得高质量增长。

近来，各大内容平台（抖音、视频号、小红书等）纷纷入局本地化营销，希望从服务类平台手中抢走"一杯羹"，它们开始将本地化入口置于平台的显著位置，通过布局抢占市场先机。**各行各业的本地商家联合本地达人，通过丰富的营销玩法，从内容出发增加商品及服务的曝光量，提升用户消费兴趣，从而加快变现，这极大地提高了平台本地化内容的丰富性。**

美国市场研究公司 Lawless Research 对 700 家数据的购买方进行了调研，并最终发布了一份《位置营销报告》。报告显示，基于地理位置的营销正从多维度显现效果，如图 2-2 所示。有 85% 的受访者认为，位置营销带来了客群基数的增长；也有不少受访者认为，这种手段提高了用户对营销活动的参与度；有 77% 的受访者认为，他们能通过这种方式更深入了解自己的客群，并据此制定更精确的营销策略。

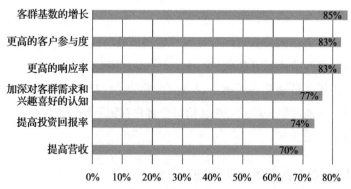

图 2-2　品牌商、广告公司和市场营销公司对位置营销效果的认可度
（图片来源：Lawless Research）

Lawless Research 的调查结论是，65% 的品牌商和市场营销公司都在基于位置属性来优化广告并进行精准投放，这一需求位列"位置营销细分排名"第一；位列第二的则是基于位置的信息推送，

其占比达 49%；个性化营销、加强受众参与和互动、增强市场影响力则依次处于排名的第三到五位。如图 2-3 所示。

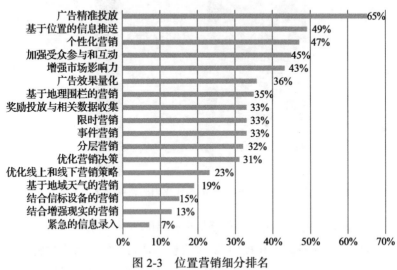

图 2-3　位置营销细分排名

（图片来源：Lawless Research）

Salesforce 的调研结果也显示：58% 的消费者认为，一些个性化的营销体验对于他们的消费决策来说是有参考价值的；而 57% 的消费者认为，只要能够给他们更可观的折扣，他们就愿意主动分享自己的数据给品牌商。

1. 方言与习俗，本地化营销的杠杆

外资品牌为抢占中国市场，都在积极寻求本地化营销的正确方式，它们希望以充分迎合城市特色和地域文化的方式来笼络中国消费者并引起他们的情感共鸣，从而助力品牌差异化破局，实现销量上的增长。

宜家在多个城市用当地方言来写文案，接地气的营销方式立刻拉近了与消费者的距离，提升了消费者对品牌形象的好感度和亲切感，如图 2-4 所示。

图 2-4　重庆的宜家的本地化内容营销文案

　　为做好本地化营销, 肯德基从更有温度的早餐切入, 让品牌在本地化营销这条路上积极实践。"嗦粉"是湖南的一大文化特色, 也是一种生活习惯, 所以肯德基上线湖南牛肉粉, 同步搭配茶叶蛋、大油条等产品, 充分迎合湖南当地的习俗。肯德基选择当地热门 IP "文和友", 打造爆款联名产品 (见图 2-5), 用 10 种香料烹制出地道的文和友香辣风味。肯德基借助热门的 IP 在受众心中迅速建立品牌认知, 实现爆发性增长。

图 2-5　肯德基和"文和友"的联名产品

　　肯德基通过本地化营销, 借各地的特色产品与用户建立更加紧密的联系, 推出契合用户生活习惯的饮食单品, 为消费者提供购买的理由。也就是说，从全国的本土化产品创新定位到每个城市的特色，借助独具特色的产品加强与用户之间的情感连接，笼络当地用户，培养用户忠诚度，从而实现销量上的增长。

2. 本地化营销平台与形式

当用户通过手机上网，到平台上搜索附近的"商家"时，本地化平台就会给他推荐相应的商家，这满足了用户"寻找附近的服务"的需求。

常见的本地化平台有大众点评、美团、饿了么、携程等，其中又以大众点评为典型代表。大众点评可以提供团购、预订、外卖、餐厅地址电话信息查询、发布促销信息等多种服务，可促成用户到店。大众点评独有的点评分享、商户收藏功能，让用户对商户的评价能够影响更多的浏览者并吸引更多人到店。

大众点评团队一直在与水军、虚假评论做博弈。大众点评必吃榜以用户的真实评价为基础，然后选择价格符合日常消费水平、口味评分、餐厅星级在当地排名前列的餐厅并推荐给用户。大众点评给出的推荐不是最权威的参考，但在一定程度上可以辅助用户进行消费决策。

本地化营销的新形式主要有探店、攻略、测评。休闲娱乐类商家更多通过达人探店打卡（典型代表是小红书类平台）进行营销，将内容用户转化为商家客户。达人通过探店详细记录对商品或服务的体验及感受，内容中附带对商家的人均消费、营业时间等的介绍，激发用户兴趣并将其引流至商家页面，引导用户在平台内完成购买并到线下店消费。

餐饮类商家更加倾向于测评的内容形式，通过达人线下测评引导用户找到附近的线下门店，使用户能够清楚获得餐厅信息，促使用户完成到店消费。此外，餐饮类商家会邀请测评达人对产品进行试吃、评价、介绍。测评模式可吸引对达人推荐内容持谨慎态度的消费者，完成对商家及产品的深度种草。

与本地化内容营销相关的更详细的操作，将在第 4 章展开介绍。

2.4　如何在场景中洞察消费者需求

在场景中我们一直强调时间和地点的重要性，即在合适的时间、地点，给消费者提供相应的信息来支撑购买。从更细致的角度来看场景，消费者的需求流才是更有趣的话题。这就让笔者想起哈佛商学院教授克里斯坦森对产品的定义：**产品是在一定场景下由你提供的帮用户解决问题的方案。**这个定义非常简明扼要，它说明场景中蕴含需求，而新场景中一定包含新需求，也就是新商机。

比如年轻人熬夜这个场景，其中就蕴含商机。年轻人虽天天熬夜，但他们也想"补偿"自己，日常消费会关注养生与健康。同仁堂与制茶司联合推出一系列产品（见图 2-6），并打出"自然凝萃汉方茶饮""承续匠心古方新造""植物咖啡天然醇厚"以及"植萃手冲温养滋润"等口号。阳春茉莉龟苓膏、熬夜水和胶原玫瑰鲜乳这三款产品更是深得年轻人的喜爱。龟苓膏无须多言，虽然味偏苦但营养价值极高；熬夜水更是添加了人参配方，深得加班熬夜党的心；而胶原玫瑰鲜乳富含丰富的胶原蛋白，深得女性消费者的喜爱。

图 2-6　同仁堂与制茶司的联名产品

ZARA 将零售人员培养成一线的"眼睛"和"耳朵",他们追踪数据、观察消费者,并收集非正式的消费者印象,所有这些都是为了帮助消费者找到最适合他们的风格。门店会持续收集消费者购买时间、询问缺货产品以及给出的建议等信息。消费者想买裙子还是裤子?想要颜色鲜亮的还是浅色的?这些印象连同其他详尽的数据,包括出售的产品和时间,全部直接发送给总部的设计师和运营专家。这些都是真实的场景化数据。

消费者在找哪些产品?实际在线购买了什么产品?对这两方面深入洞察,可以赋予企业更明显的优势——不断积累、整合所有洞察,然后对得到的消息进行整理、分析,最终融入新款式的设计,以及生产、物流和市场营销的优化举措中。

要想在场景中洞察消费者需求,关键在于在消费者提出需求的瞬间,能够灵活并准确地迎合对方偏好。

如何及时抓住消费者内在的需求,是企业需要重点关注的问题。我们知道,零售实体店的业绩主要取决于是否能把握促销的时机。不能把握促销时机的零售商,业绩一定是非常糟糕的。究其原因,是没有抓住消费者那稍纵即逝的需求和购买时机,一旦需求被释放,购买力将无从谈起。

7-11 始终坚持"贯彻基本"和"应对变化"两大原则。前者强调要贯彻"站在消费者立场上思考"的态度;"应对变化"则是为了不断满足瞬息万变的消费者需求,必须对组织进行持续革新。

7-11 很早就开始开展数字化转型了,重视数据的采集与应用。另外,7-11 鼓励所有人都积极提出假设,例如:"附近的小学要开运动会了,油炸豆腐应该会卖得不错。""快到雨季了,多订购一些透明雨伞吧。"7-11 通过"系统＋员工需求假设与洞察"来创造数字时代企业的经营场景与核心竞争力。

7-11 的经营哲学就是重视现场、重视"贯彻基本"，以及通过日常观察和持续革新，对独自的假设验证体系的高效运转倾注全部精力。

企业怎么才能让消费者积极行动并与之互动？怎么才能激起消费者的购买欲望？在移动互联网时代，如何批量抓住消费者的购买时机？这些问题的背后就是场景的内涵。但是，我们也应该看到实际工作中存在的挑战。

- ❑ **时机很难精准掌握**。许多时候，我们并没有先见之明，也没有足够的时间来分析市场形势，我们往往只能在很短的时间内做出判断。那么如何在短时间内精确把握应对时机和消费者需求，尤其是线下购买时机？更多时候我们只能通过经验来确定。

- ❑ **面对不同的人，需要把握不同的时机**。对于不同的人来说，时机是不同的，所以很难在某一个时间点上同时影响所有人。

- ❑ **需求与时机瞬息万变**。消费者的购买需求和时机很多时候来得快，去得也快，那么如何灵活地把握机会，在他们的需求没有消失之前迅速行动？在实际操作中，没有采取即时行为来匹配消费者需求的变化而造成的损失往往是巨大的。

- ❑ **人人都看到的需求场景，竞争肯定会非常激烈**。那些明显的需求场景，往往会带来激烈竞争，例如春节联欢晚会前半小时、奥运会比赛直播前的时间、热播电视剧前的时间等。

在场景中洞察需求，哪些行为代表消费者的购买欲望？Jeffrey Gitomer 在 *The Sales Bible: The Ultimate Sales Resource* 中细致描

述了线下销售中透露消费者购买动机的表现。这里笔者结合自己的思考，整理出消费者想购买产品的 19 种表现。

❑ 询问是否有货及交货时间。你还有货吗？多长时间能上一次新货？

❑ 询问送货的问题。送货要多长时间？使用什么快递？是否包邮？

❑ 询问价格或经济承受能力问题。这个新产品的价格是多少？我是不是买得起？

❑ 任何与钱有关的问题或陈述。把它全部买下来，需要花多少钱？

❑ 询问关于公司的正面问题。你在这家公司多久了？你进行互联网销售多久了？

❑ 让你重复一些话。关于分期付款购买，你刚才是怎么说的来着？

❑ 介绍和以前供货商之间的问题。我们原来的供货商服务太差，如果我们打服务电话，你多久能上门服务？

❑ 询问关于产品特性或选择的问题。这个分拣器是复印机上的标准配置还是可选配置？

❑ 询问关于产品质量或性能的问题。这个电池充电一次能用多少小时？

❑ 询问关于质量保证和保修问题。如何保修？保修期有多长？哪些问题是在保修范围内的？

❑ 询问关于你或你的公司的能力或资质的问题。你的公司的员工都能在电话里回答我的问题吗？

❑ 询问关于公司的特别的问题。你的公司还生产其他什么产品？

❑ 询问关于产品及服务的特殊问题。上门维修是由你的公司选维修人员还是我来选？

☐ 询问关于你拥有的产品和服务的特殊需求问题。你会每个月帮我做会计结算吗？如果我喜欢你公司的服务人员并且想让他全职为我工作，可以吗？

☐ 透露没说出来的决定或寻求支持。对我来说这是最好的方案，是吗？

☐ 想再看看样品或模拟演示。我能再试一下样品吗？

☐ 询问其他客户的情况。你的客户都有谁？

☐ 要求与其他客户沟通。我能和你服务过的其他客户联系一下吗？能不能给我一个客户的名单？

☐ 购买前的絮叨。我倒不知道，这样的呀，那倒是有意思。

哥伦比亚大学开启了一项研究计划，以此来反对仅靠表征数据来诊疗，而忽略与患者沟通交流的医疗手段。项目呼吁医护人员把每个患者都视作鲜活的个体，用文学知识和语言艺术武装头脑，以便通过交谈与患者产生共情。这样做是因为如果医生能理解患者的真实需求，患者就能得到更好的治疗方案。业界称这种方法为叙事医学。

一个患者在进行常规检查时被告知体内有甲状腺结节，此时他可能会去找对应的专科医生进行进一步的检查，可能遇到一名外科肿瘤学家。根据超声波和活组织切片检查的结果，这名专家会为他提出治疗方案，但这只是就事论事，是毫无感情的回复。这个时候医生并没有了解患者的真实需求。在这种情况下，患者可能会觉得自己必须做手术，因为医生告诉他这是必然选择。

然而，接受过叙事医学培训的外科医生会问一些具体的问题，以便让患者吐露那些一直不愿意提及的心理恐惧或者内心的期待。通过这些问题，患者可以和自己的主治医生分享一些对他来说最重要的事情。如果患者是一位歌手，那么他一定害怕在手术过程中失声；如果患者是一位年轻的爸爸，而且他的父亲就死于癌症，那么他肯定会担心医生给出的诊断结果存在问题。了解到患者的具体需求后，医生需要明确告诉患者自己是可以信任的，并且要相信自己所给的治疗方案能够满足他的需求。如果患者变得沉默或焦躁不安，医生应该暂停现行治疗方案，并询问患者是否应该与一位值得信任的朋友或家人一起讨论后再做出决定。这意味着医生不仅对患者的症状和体征有深度认识，而且对患者的真实需求有更深入的了解。

上面介绍的患者和医生的情况，同样适用于客户与销售人员。销售人员想有效洞察客户需求，可以从以下问题出发。

- ❑ 什么让客户有压力？客户在何时有压力？
- ❑ 什么事让客户感到烦恼？客户在什么时候会感到烦恼？
- ❑ 是什么造成了客户的焦虑？客户在什么时候感到焦虑？
- ❑ 客户在没有完成目标时会有什么感受？
- ❑ 客户会在什么时候感到不知所措？这是一种怎样的体验？
- ❑ 什么事会打破客户原本安定的心境，带走客户的安全感？
- ❑ 什么事带给客户挫败感，让客户停滞不前？
- ❑ 什么事让客户烦到抓狂？
- ❑ 什么事让客户产生怀疑？
- ❑ 什么事让客户恐惧？
- ❑ 什么事让客户憔悴不堪？
- ❑ 怎样的未知会带给客户烦恼？
- ❑ 竞争对手得知什么信息会让客户害怕？
- ❑ 当竞争对手做什么时，客户也会想做？
- ❑ 客户认为什么信息能给他带来优势？

　　❑ 什么事会让客户感到好奇？

　　❑ 什么事正在窃取客户的时间、金钱或其他资源？

2.5　情绪也是一种场景

　　关于情绪的类别，长期以来说法不一。我国古代有喜、怒、忧、思、悲、恐、惊的七情说，美国心理学家普拉切克提出了悲痛、恐惧、惊奇、接受、狂喜、狂怒、警惕、憎恨 8 种基本情绪。图 2-7 所示是人类情绪的示意。

图 2-7　人类情绪示意

2.5.1　情绪、场景与情绪营销

　　《心理学大辞典》中认为："情绪是个体对客观事物产生的具有较大情景性、激动性和暂时性的态度体验和相应的行为反应。"情绪一般指与生理的需要和较低级的心理过程（感觉、知觉）相联系的内心体验。如消费者选购某种香水时会对它的颜色、香型、包装

等可以感知的外部特征产生积极的情绪体验。

　　情绪一般由当时特定的条件引起，并随着条件的变化而变化。所以情绪是比较短暂和不稳定的，具有较大的情景性和冲动性。某种情景一旦消失，与之有关的情绪就会很快消失或减弱。

　　当人们懒得写评论时，选择一个表情是既省事又能满足表达欲的方法。增加恰当的表情选项不仅可以增加趣味性和调动用户的参与度，对于文章作者和媒体来说也具有一定的参考价值。当表达情绪的人足够多时，这种情绪将成为内容的附加价值。例如发布"人工智能取代了一部分劳动力"的信息后，可以看到多数人对这件事表现出"开心"的情绪，但有些人为此"悲伤"，甚至有人"愤怒"。

　　从回避和渴望的角度解析各种情绪，可以指导我们驾驭情绪的使用场景。一般来说，人们趋向于回避以下情绪：自卑、忧虑、愤怒、仇恨、恐惧、悲伤、消极、后悔、自负/自满、抱怨。

　　人们趋向于渴望获得以下情绪：爱、幸福/愉悦、成就感、友好、尊重/自尊、认同/赞许、怀旧。

　　"9月1日"对于将要进入幼儿园的小朋友和家长们来说，是一个非常值得纪念的日子。宝贝即将和家人分开8小时，迈入一个全新的环境。爸爸、妈妈的心情五味杂陈：担心、焦虑、不舍。

　　专车服务商举办了"专车送你去上幼儿园，跟拍宝贝第一次上学路上的故事"活动：上学、放学专车接送宝宝，摄影师全程跟拍，记录宝贝美好、珍贵的第一天。该活动获得了很多妈妈的好评。不少妈妈在活动主帖后跟帖留言，如："来了一辆精心装扮、富有童真情趣的车，而且车里很宽敞，真心不错啊！""给宝贝一个有意义的开学纪念。"这是从妈妈的角度打造的一个接地气的情感沟通活动。在妈妈今后需要专车的场景中，如宝宝生病、带宝宝逛公园等，也会情不自禁地想起专车服务商。

在这个案例中，专车服务商抓住了特定场景和场景背后用户的情绪。在开学这个特别场景中，专车服务商通过提供一定的帮助和家长一起打造了这个活动，这是对群体情绪把控的创新！

在升迁、发薪、入职、解雇、更换工作岗位以及其他诸如此类的重大事件中，往往都会涉及情绪。同样的情绪因素也存在于一些更大的商业事件之中：兼并与收购、法律诉讼、养老金计划变更、出售企业以及关停工厂。这些事件往往超越了纯粹理性的范畴。你需要通过亲近感了解客户内在的感性诉求，从而用好情绪价值。

营销最厉害的是"点燃"。点燃什么？点燃消费者行为及情绪！基于消费者情绪进行营销的方式，已经成为品牌营销的新趋势。越来越多的品牌开始重视消费者的情绪价值，在为消费者带来更高品质产品的同时，也要满足消费者的情绪价值，让消费者为热爱、快乐、炫耀或宣泄买单。许多品牌在前期推广时做足了消费者情绪洞察，让消费者为产品背后提供的情绪价值买单。

在情绪营销中，你要赋予产品承载情绪的能力。味全每日 C 的瓶体广告语让产品与消费者展开对话，唤醒了消费者心中的想法和向往，如"做个好爸爸""加班辛苦了""快夸我"等（如图 2-8 所示），在某些方面与消费者的心灵达成共鸣。

图 2-8 味全每日 C 的瓶体广告语

人们在快乐的情绪下，会有更强的探索欲；在恐惧等负面情绪驱使下，更容易产生战斗反应。你在传递快乐情绪的时候，最好让用户动起来；传递负面情绪的时候，要为情绪提供宣泄的出口。

女性消费者更容易受情绪广告的影响，她们非常关心产品所包含的情绪价值。除了自身功能外，产品如果能表达爱情或亲情，唤起情绪或回忆等，她们就会特别喜欢。"钻石恒久远，一颗永流传"让戴比尔斯几乎无人不晓，因为它将情绪价值注入产品，让钻石寓意着历久弥新的经典爱情，所以赢得了广大女性消费者的青睐。

哈根达斯紧扣爱情的情绪做营销

哈根达斯落户中国之时，就将品牌打造成"爱情"的象征，那句"爱她，就带她去吃哈根达斯"的广告语更是在中国风靡一时，深入人心。品牌推出的很多广告都与情侣和爱的主题联系在一起，对外传播的内容里也都有爱情的元素。

哈根达斯围绕爱情这个情绪场景，精准锁定以情侣为目标的消费群体，每款冰激凌都搭配表达爱情甜蜜的名字，比如"心花怒放""浪漫爱琴海""浓情蜜语""月光恋人"等。

情绪营销实践行动：

1）**找到目标消费者的情绪弱点**。情绪的弱点有很多，比如恐惧（对健康、安全性或不确定性的恐惧）、虚荣（在财力达不到的情况下追求奢侈品、高端聚会等）或自卑（对身材矮小、肥胖等的自卑）。

2）**满足消费者的渴望**。通过对消费者情绪的剖析，告诉消费者问题的解决之道，从而引出"正题"——产品的目的就是帮消费者解决问题，满足他们的需求（让他们健康、幸福、美丽）。比如，新肤螨灵霜给出螨虫问题的严重性，并广泛地列举各种症状，从舆论上营造氛围，不断刺激消费者的恐惧情绪，最后告诉消费者需要采取的措施（购买产品或服务）。企业还抓住螨虫的概念，广泛列举螨虫传染的多种途径，为进一步增强可信度，在促销现场又增加了仪器检测手段：显微镜下，果然可以看见让人心悸的蠕动的螨虫。企业正是巧妙地利用了消费者的恐惧情绪以及渴望健康的需求，实施了情绪营销。

3）**激发情绪传染**。情绪是主观认知的表达，是需求的外化。而情绪营销是指企业在营销中充分满足消费者的情感需要，抓住与消费者心情共通的时机，让消费者在购买产品的同时充分抒发内心的情感，并让消费者的情绪在内向传播、人际传播、群体传播等不同传播类型中实现交流与回响，从而加强个体认知与群体归属感。

快乐让人想分享，悲伤让人期待获得共感，恐慌让人寻求依赖和安心，愤怒则让人有攻击性和更强硬的立场。在进入某种情绪后，消费者往往就会把购买产品从关注价格转移到自身情绪需求上。 比如，人们陷入怀旧情绪，回想起过去的画面，相对来说会不那么在乎钱。我们隔三岔五看到的复古怀旧宣传，是行之有效的营销策略。

在充满情绪的时代，懂得挖掘用户情绪的企业一定不会太差。想要做好情绪营销，你除了要懂得唤醒情绪，提出价值主张外，还要懂得触发用户的核心购买动机。

2.5.2　管理好消费者的情绪

如何管理好消费者的情绪？国外一般将员工和消费者接触的时间点或者情绪爆发的时间点称为 MOT（Moments of Truth），即"关键时刻"，也有人将 MOT 翻译成"关键接触"。例如一年中，航空公司总共运载 1000 万名乘客，平均每人接触 5 名员工，每次 15 秒。也就是说，这 1000 万名乘客每人每年都对航空公司产生 5 次印象，全年总计 5000 万次。这 5000 万次的"关键时刻"决定了公司未来的成败。

我们要高度重视员工与用户接触的场景，尤其是用户的情绪问题。员工要利用好这个接触的机会，弥补不足，让客户有更好的体验，提升客户的满意度。为此员工要了解不同客户的性格特征和情绪需求，提供更具针对性的服务，提高处理问题的能力。

MOT 理念提倡放权给直接服务客户的一线人员。传统的金字塔层级结构的不足可以这样理解：一名球员正带球冲向对方球门，快到门前时却突然停下来径自跑到球场边请示教练该怎样射门，其结果可想而知。这就是面对关键时刻应对能力不足导致的。MOT 的核心就是在每个与客户接触的关键时刻都做到完美，即给客户提供最好的服务。

新加坡航空的秘密——激活 MOT 场景力量

新加坡航空是世界上声誉最好、盈利能力最强的航空公司之一，虽然它出售的机票价格要比其他航空公司高出很多，但是上座率却遥遥领先。

乘客想要一份素食，但飞机上没有专门的素食配餐，这时候该怎么办？直接告诉乘客说不供应素餐吗？新加坡航空公司的要求是：员工要灵活应对，想出解决方案，比如把各种水果和蔬菜放在一个盘子里，让乘客尝试一下，而不能只知道照本宣科，仅按照服务手册去做。

只有正面的 MOT 场景，才能对乘客产生正面的影响，而其中的关键是让员工积极参与。如果一线员工必须通过传统的指挥链向上级请示，才能处理个别乘客提出的"疑难问题"，那么不仅会影响处理时效，更会让企业陆续丧失情绪化的乘客。解决之道是"赋予一线员工指挥权，让他们有权处理个别客户的需要与问题"。

新加坡航空的核心竞争力是"低成本、高效益的场景服务"。新加坡航空多年来孜孜以求创新服务，力争为乘客提供最好的服务。新加坡航空不仅有硬性的、制度化的集中创新模式，还有软性的、自发的、分布式的创新场景服务模式。

2.6 蹭热点场景是一堂必修课

为什么要蹭热点？原因有如下几个。

1）**热点等于注意力，注意力等于客户，客户等于业绩。**蹭热点是新媒体营销必备的技能。当热点事件发生后，离热点事件越近越容易上热门。

2）**热点更容易被平台、算法推荐。**当平台识别到大家都在关注和讨论一个热点的时候，相关的内容就会被自动推荐。**蹭热点是出圈的关键。**

例如，某明星因为某事件上了热搜，就会引起社交媒体的热议。在这样的场景下，你可以从不同角度借势、蹭热点，如以下做法。

- ❑ 知识博主：如果男艺人 ×× 不做演员，也许他可以教 ××。
- ❑ 育儿博主：从这位艺人的成长过程，你可以读懂如何教育孩子。
- ❑ 理财博主：×× 明星给孩子常买的 6 类理财产品。
- ❑ 心理博主：像 ×× 一样的人都有偏执型人格，你值得警惕。
- ❑ 生活博主：男艺人 ×× 皮肤保养，你知道背后需要多么专业吗？

热点不能乱蹭，蹭热点的角度要跟自己的专业领域相关。你可以借热点话题出圈，但要懂得用专业知识留人，这才是专业蹭热点。

3）**热点有时效性。**一个热点的正常生命周期是 24 小时，一般24 小时之后热点就过时了。

若是你无法创造"场景"，那么就老老实实借势场景。聪明的营销人都善于审时度势，借热点来获得关注。也就是说，对热点保持感知，从中寻找到结合点，以赢得网民的注意力与关注度。

顺大势，意味着可以搭上顺风车，在相同的努力下，获得更好的成效。那么如何寻找热点呢？

- ❑ 从新闻、社会热点中寻找营销场景。在寻找结合点方面存在极大挑战，若是你身处特别小众的行业，那么难度会更大。

❑ 从社交媒体平台（如热榜、TOP10 等）中寻找场景及语境。

❑ 从目标客户群体的特定场景中寻找机会。这需要从专业话题下手，例如患者伤害医生的事件，这对医生群体就是特定场景，药企这时就可以通过合适的方式站出来替医生与社会做沟通，在这样的场景下更易获得医生群体认同。

❑ 只有时刻保持对舆情场景的监测，才可以很好地借势。

❑ 预测即将到来的场景，提前做好预备方案。如果可以很好地预测某些大势，就可以提前做好充分准备。例如洋河蓝色经典推向市场时，洞察到"中国梦"这一主旋律的话题即将引爆，顺势"卡位"从而获得高关注度。

除了突发性热点外，还有一些常规性热点，其中最典型的就是节假日。节假日营销应该充分利用人们期待过节的愉悦心情和冲动购物心理。比如儿童食品的推广，应尽量赶在暑假来临前就在卖场持续造势，这样在暑假中便可以乘势进一步营造消费氛围和消费话题，而开学后学生群体中的圈子营销又会圈一轮粉，帮助品牌实现爆炸级的口碑效应。

提示：创造场景确实不易，但可以通过时刻保持与社会、行业场景的同步，抓住那些稍纵即逝的热点。场景的魔力可让信息传播更有效，完美对接消费者的需求。

2.7　本章总结与实践题

在新 4C 法则中，场景具有独特的美。如果想引爆社群，选择合适的场景是关键一步。内容为王没错，但是少了场景思维，好内容也要打折扣。

如果说内容是点火工具，那么场景就是"刮大风"这个最佳点火的时刻。内容营销需要围绕客户的不同需求场景来展开。

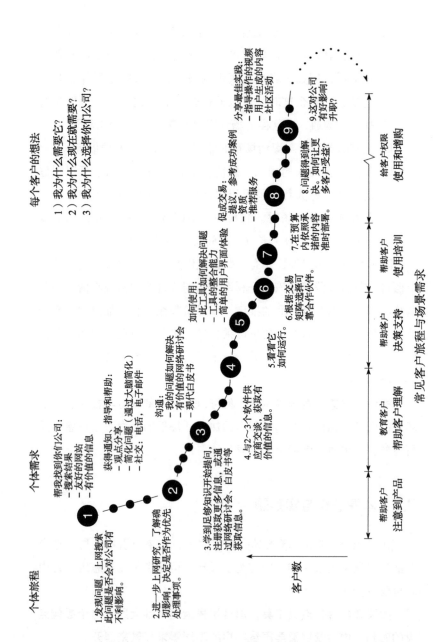

　　场景包含时间、地点、需求、情绪等众多元素。想要灵活应用好场景，其实并不容易，需要不断尝试与刻意训练。

实践题

- ❑ 列出目标客户在互联网聚集的 10 个平台与栏目，并考虑如何更有效地使用它们。
- ❑ 从时间的角度思考如何更好地与客户沟通。
- ❑ 寻找能引发客户快乐、愤怒、激动等情绪的场景，并针对性地给出产品营销方案。
- ❑ 在 B2B 营销传播过程中，思考如何将时间、空间应用到营销中。
- ❑ 在 Web 3.0 流行的当下，请思考如何应用 Web 3.0 的空间场景来做营销。
- ❑ 找出消费者对企业或产品有需要的 10 个场景，思考如何在合适的场景下与消费者对话。
- ❑ 制定一个专门的场景流程，用来实时响应客户的要求，以及在产品开发和经营中出现的问题。在碎片化时代，必须建立以场景为导向的客户服务思维。
- ❑ 思考在直播带货场景中，哪个时间段开播会带来更好的效果。
- ❑ 选择任意一个热点场景，考虑蹭热点的多个角度。

3

从卖货思维走向社群思维

在大的社交网络中都存在一个由重要节点组成的小网络，它有以下特色：重要节点之间有很高的关联度；通过小网络能够比较精确地预测大网络的特性。

——艾伯特 – 拉斯洛·巴拉巴西

大众传播时代已基本结束，未来将走入社群传播时代，不研究透社群，根本没有办法去引爆社群，而新 4C 法则就是指导引爆社群的方法论。

本章将回答什么是社群和为什么要关注社群这两个问题，并从结构、文化、运行规则等角度体系化解读社群；然后介绍如何绘制社群网络空间结构，并开展针对性营销；接下来介绍如何构建自己的社群并有效运营社群；最后分析如何提高社群活跃度及商业转化率。

3.1 为什么要关注社群

孩子王每家店每年都会举办近千场线下活动。每家店里都有国家劳动和社会保障部认证的育儿顾问，全国总共 5000 多名。任何一个会员都有专门的育儿顾问负责跟进，育儿顾问 7×24 小时通过数字化工具、电话、门店现场等方式给宝妈宝爸们提供咨询和商品采购指导等服务。在社交和内容打造方面，孩子王不仅有专业团队一直在不断地生产亲子相关的内容，还在每家门店邀请当地三甲医院退休的妇产科医生坐堂提供健康咨询服务。

孩子王构建的营销矩阵包括 App 商城、App 社区、小程序、微商城、公众号，它还在不断地向这个矩阵里添加亲子接触工具，以便让会员随时可以找到想要的服务和商品。5000 多名育儿顾问结合数字化工具，可以提供精准服务。孩子王的育儿顾问通过工具，可以了解会员的信息及需要提供的商品和服务，从而提升自己的工作效率和工作精准度。

在后端，孩子王不断地用数字化工具提升管理效率。门店经营的情况可以在手机上实时查看，每一场大促都可以在系统上实时看到现场情况，还可以实时掌握活动转化率、优惠券使用率、毛利率等情况。

在社群情境下，消费者不再是孤立的个体，他们的消费心理和行为会受到其他消费者的影响。由消费者组成的品牌社群所具有的仪式感、行为规范、独特的文化等，能帮助新进入的消费者加深对品牌的认知。而品牌社群又有利于消费者表达自我，社群成员更乐意借助共同热爱的品牌社群来展现个性，与其他志同道合的消费者进行交流。这就会进一步促进品牌社群的繁荣壮大。比如，传统重卡企业将卡车单纯看作工业品，以经销商为主要客户，几乎不与卡车司机产生直接关系。三一重卡高层认为，一台卡车承载着一个家庭的幸福，它不仅是"赚钱机器"，更是满足体验、情感等多维价值需求的生活资料。为此三一重卡团队摒弃"渠道为王"的认知，树立"用户至上"的理念，深入卡友中间，实践社群思维。

三一重卡以平台思维联合零部件厂商和广告赞助商，共同为卡车司机打造行业头部活动——卡车音乐节。他们邀请上万名卡友到三一重卡厂区，通过卡车特技秀、音乐狂欢、卡车露营等活动形式，打造真正属于卡友自己的社群节日。其单场活动直播观看人数超过20万，这样的活动在维护与卡友亲密关系的同时，进一步巩固了三一重卡市场创新者的定位。

加拿大著名运动服品牌lululemon（露露乐蒙）发展势头强劲。它最初主打瑜伽服饰，只是一个小众运动品牌，现在从众多体育服装品牌中脱颖而出，成为世界第三大运动品牌。

lululemon引领了女性对瑜伽这项以舒展为主的运动的热爱，从而增加了众多女性对瑜伽服饰的需求。lululemon创始人也是一名瑜伽爱好者，她了解瑜伽练习者的痛点，所以lululemon的产品在材质上进行创新。lululemon的瑜伽裤不仅轻薄、合身、吸汗，让人感觉舒适，还可凸显女性的身材曲线。这样一条裤子虽然要1000元人民币，但是依然不能阻挡消费者的购买热情。

真正令lululemon火起来的是它采用的社群运营策略。这个策略在很大程度上增加了品牌粉丝的黏性。lululemon通过三大法宝——产品大使、社区、产品测试进行口碑营销。lululemon每家店开业前3个月，都会要求员工深入社区，四处打卡场馆，寻找当地的意见领袖、重要的合作伙伴和知名的瑜伽教练。

lululemon会定期向客人提供免费的瑜伽活动，活动往往都会邀请知名瑜伽教练参与。在lululemon的活动中，进行瑜伽运动只是其中的一部分，更重要的是进行人与人之间的真诚互动。每一次活动结束后，lululemon都会把活动照片发给参与者，这些照片就会成为参与者发朋友圈的素材。lululemon把每一场瑜伽活动都做成一场宣传活动。

社群商业倡导构建从"销售关系"转到"强关系"的体制。传统的商业关系更多建立在销售关系上。在数字化时代下，这种维系用户的方式显得过于单薄，客户被动接收推送信息的方式已落伍，例如带防骚扰功能的手机可通过来电显示标记识别营销电话。"社群商业"代表了新型的用户关系，这种关系更具情感性、针对性，同时会弱化推销性和功利性等。

社群不再是信息的推送工具，而是构建用户关系的渠道，这意味着企业要通过系统规划、线上线下渠道整合来构建和发展与粉丝的强关系。以市场份额为战略的思考路径和以社群份额为战略的思考路径是完全不同的，如表3-1所示。

表3-1 市场份额战略与社群份额战略对比

市场份额战略	社群份额战略
企业将产品和品牌视为全部价值的来源	企业将用户视为价值的唯一来源
产品经理一次对尽可能多的客户推销一种产品	围绕一个用户，提供尽可能多的产品
通过产品的不同来与同业竞争者区分开来	通过用户的不同来与同业竞争者区分开来
把产品卖给客户	同用户一起工作、一起创造
持续寻找新客户	持续寻找与已经拥有的用户开展新业务合作的机会
公司确保每个产品、每笔交易都是盈利的，即使以牺牲客户的信任为代价	公司确保每个用户都是盈利的，即使在个别产品或交易中有损失
利用大众媒体来建立品牌、宣传品牌和发布产品	通过交流来了解用户需求，积极与用户互动

情感和温度的注入，是激发社群的密码。 不同企业的产品和服务本身的差异化越来越小，在产品和服务同质化越来越严重的今天，企业想构建自己的竞争砝码，取得优势，努力的方向应是在用户互动及关系管理中注入情感和温度。我们再也不可以把用户当成消费者来对待，而是要把他们当成朋友和具有鲜明个性的个体。社群关系才是未来商业的资本，只有真心待人、持续努力的企业才能笑傲江湖。

Zappos 在社群中引爆增长

Zappos 巧妙地解决了客户在购买商品之前无法试穿这一难题，从而在鞋类行业获得了突出地位。Zappos 投建呼叫中心，重点不是尽可能快速、有效地接听最多的电话，而是与客户建立牢固的关系。通过呼叫中心用户可以有足够多的时间来了解自己关心的问题并获得有用的建议，然后订购几双鞋甚至试穿所有鞋子，若是不喜欢还可以免费退回。

从财务的角度来看，Zappos 提供优质客户服务和免费送货所增加的成本将被销量的增加和不再维护不必要的实体店的成本所抵消。Zappos 通过将业务内包来提高效率并通过将产品线扩展到手提包、眼镜和其他品类来扩大规模，以求从规模经济中获益。

1. 慷慨的退货政策，吸引客户

"慷慨"说容易，做到却很难。Zappos 为了"慷慨"也付出了很大代价，它为客户提供 365 天退货服务。Zappos 客户服务战略的亮点之一就是 365 天退货政策。这消除了客户的风险，让他们可以方便地订购任意数量的鞋子，只保留合脚的鞋子，并免费退回其他鞋子。客户现在不必担心鞋子是否合脚、设计是否合理，因为他们在家中就可以尝试所有选择，并最终保留自己认可的选择。这种方式不仅能推动人们采用网上购物的方式，还能打消人们的顾虑，提高销量。

Zappos 的退货率约为 35%（相比之下，实体零售行业的平均退货率为 10%），但它创造了更多客户惊喜，这可以大大提高客户忠诚度。Zappos 的客户中有 50% 会再次购买，其总收入有 75% 来自回头客。Zappos 将客户服务支出视为获取客户的营销费用，这种营销活动的结果在客户生命周期价值的整体增长环节得以体现。

2. 无限通话时间，服务客户

Zappos 通过强大的客户忠诚度实现了卓越的客户服务。其客服团队 365 天不间断为客户提供服务，这使客户体验变得与众不同。

"我们希望我们的客服代表在每次通话中都能展现出他们真实的个性，这样他们就可以与客户建立个人的情感联系。"Zappos 首席执行官谢家华这样说。

客服团队的绩效指标是为客户创造的价值和与客户的交互质量，这与传统客服衡量接通率相违背。在 Zappos 的客服电话中，没有脚本，也不会以追加销售为目的。Zappos 最长的客服电话时间为 10 小时 43 分钟！这种以客户为中心的理念贯穿于整个 Zappos 网站页面。Zappos 在官网的每一页上都会显示客服电话，目的就是鼓励客户拨打其客服电话。

3. 努力做有温度的社群

Zappos 用社交媒体收集客户反馈。当其他公司还在使用 Meta、Twitter 和 YouTube 进行宣传时，Zappos 已在利用这些社交媒体平台收集客户和员工的评论。Zappos 员工被鼓励参与社交媒体平台，分享他们在公司工作的经历以及他们与客户打交道的经历。这些个人行为有助于传播企业文化和使命，并能够扩大以客户为中心的理念，也更具温度。

松下幸之助很早就提出社群运营的理念——"水库式经营法"。也就是说，一旦下大雨，未建水库的河流就会发大水，产生洪涝灾害；而持续日晒，河流就会水量不足甚至干涸。建水坝蓄水的目的是使水量不受天气和环境的影响，始终保持一定的数量。这种理念可使企业无论是在一年中的淡季还是旺季，也无论是在经济繁荣还是经济不景气期间均能维持稳定的发展，避免业绩大起大落。对企业来说，每一个客户都相当于一滴小水珠，每一个产品品类都相当于一条源源不断的小溪，这些水珠和小溪汇聚在一起，日积月累就形成了一个庞大的蓄水池，当水坝足够大时，就会形成"客户群"。

社群运营标杆案例——哈雷 - 戴维森公司

哈雷 - 戴维森已成为美国高档摩托车的代名词。为什么哈雷 - 戴维森在全球会受到如此广泛的认可，在哈雷 - 戴维森摩托车的车主中形成如此高的品牌忠诚度？

在哈雷 - 戴维森公司，从首席执行官到销售人员都通过面对面或社交媒体与客户保持一种良好的私人关系。了解每位客户并持续开展研究来紧跟客户不断变化的预期和体验，使得哈雷 - 戴维森可以很好地满足客户需求。

哈雷 - 戴维森摩托车

在全球，哈雷车主会（HOG）会员每逢周日都会集体骑行，无论下雨还是晴天，这显示出车主对哈雷 – 戴维森品牌的忠诚度。哈雷 – 戴维森各地的经销商会赞助 HOG 举办各种活动，如短途骑行、重大目的地骑行或当地的慈善活动。HOG 会员也会被邀请参加新车型发布、车主感恩之夜等活动。

哈雷 – 戴维森为了和年轻消费者沟通，积极通过社交媒体与他们取得联系，这些年轻人成为哈雷 – 戴维森的全球拥护者。哈雷 – 戴维森还在音乐节上使用动力试验车打造互动体验，与新的潜在客户建立联系，为新手或非摩托车主提供一次感受哈雷摩托车的机会。

哈雷 – 戴维森通过深度介入社群经济来塑造"哈雷摩托"社群成员的凝聚力、自豪感、参与力，并因此收获了丰厚的商业价值。哈雷 – 戴维森摩托车的社群商业化的典型特征是社群忠诚度高、持续购买力强，这使得整个社群的商业价值极高。

3.2 社群的结构与成员角色分类

每个人都渴望引爆社群，但是在实践过程中往往不是每次都能如愿，除去场景等其他维度的影响外，笔者认为缺乏对社群的结构、分类等问题的深度认识是关键。不理解社群的结构，不能合理解构社群，不知道社群的分类，想以简单粗暴的方式进行"一把抓"式营销，是做不好社群的。

3.2.1 社群结构：圈层结构和链式结构

社群结构可分为两种——圈层结构和链式结构。不同的社群结构不仅意味着社群中成员的心理需求不同，也意味着社群集体行动的动力机制不同，而这也将决定社群的行动方式、传播路径和运营效果。

1. 圈层结构：聚焦的是认同的力量

从结构上看，圈层结构社群（如 BBS 社区等）的重要特征是有一个明显的边界，加入某个社群，会有明显的行为标志（如在社区注册），而每个社群也有一个明确的名称。人们在这种社群中围绕一个个明确的话题进行互动。因为圈层结构使社群边界明确，致使社群成员也有较明确的身份意识，所有成员作为一个集体进行交往，成员更容易形成对社群的归属感。因此，这种结构更利于群体的形成。

从形式上说，传统网络社群的边界是由社群的进入机制决定的，这种边界其实是由社群的核心价值点（即社群成员共同的意识、行为以及利益）决定的。圈层结构社群成员的共识和归属感是建立在身份认同基础上的，故而其行动力将依赖于该群体能否成功地定义自己的边界。

定义网络社群边界的常用策略有如下两个。

❑ **树立特定的靶子和对手。**

❑ **描述群体身份。贴一个标签，构建集体荣誉感，以形成社群的共识与归属感。**

新消费社群觉醒与公益营销

当今的消费者要寻找的产品不但要满足自己的基本需求，还要具有触及内心的体验和商业模式。也就是说，产品要能为消费者提供一种特殊的意义，这将成为企业未来营销活动的价值主张。价值驱动型商业模式将成为营销 3.0 时代的制胜之道。

科特勒先生认为，营销 3.0 时代是一个营销行为深受消费者行为和态度变化影响的时代。由于这个时代中的消费者需要更具合作性、文化性和精神性的营销方式，因此可以说它是一种更为复杂的以消费者为中心的营销时代，且越来越多的人开始关注慈善活动和动机营销。

爱德曼（Edelman）咨询公司所做的一份全球调查表明，85%

的消费者钟情于具有社会责任感的企业品牌，70%的人愿意多花钱购买这些品牌的产品，55%的人会向家人和朋友推荐这些品牌。

消费者和员工提出的支持社会发展变化的要求将会对企业的战略方向产生重要影响。

尽管很多企业都已开展慈善活动和动机营销，但这些行动并没有被企业视为战略发展要素，它们常常被看作企业推广、公关或营销沟通战略的一部分。因此，这些活动无法在最高管理层达成共识，无法充分影响和指导管理层的经营方式。可见，企业管理层仅是把社会问题视为一种公益责任，还没有将其提升到创造发展机会和实现差异化服务的高度。

2. 链式结构：信息和资源的流动与连接

链式结构社群是一种以自我为中心的社群，属于这种结构的典型社群有抖音、知乎、小红书等。这种结构下的社群，彼此之间其实是没有明确边界的，人们通过特定关系链条（如转发、分享、标签）进行互动，这些关系链编织在一起最终形成链式社群。例如在知乎中，可以检索特定内容或者话题标签来参与研讨，但是讨论常常仅限于此。社群平台中个体之间的连接呈现链式而非圈层式，个体反复通过各种链条开展互动。

链式结构社群的特点如下。

❑ **以个体为中心**。相较圈层结构社群，链式结构社群的关系显然更为松散和灵活。

❑ **社群意识很难形成**。在链式结构社群中，针对话题的直接讨论不是主流，社群关系被分解到一对一的链条上，人际传播往往占主导地位，虽然不断扩展的人际传播链条也能产生传播效应，但是这样的社群通常不具有固定的边界，所以群体意识和共识较难形成。

在链式结构社群中，UGC（用户创造内容）、分享、协作得以充分发挥作用。每个人都可以自由创作和传播信息，按照自主意愿呈现信息，或在平台上发起话题、组织活动。信息流动过程，是激发社会网络节点参与的过程。能在多大程度上激活节点活力，与信息自身的属性有关。

促使信息在链式结构社群的节点间流动的重要机制有两种——转发和推荐。转发机制决定了信息多级流动的可能性与扩散的速度，推荐机制决定了信息超越人际关系链条的约束进行传播的能力。这种建立在人际传播基础上的裂变式信息传递方式，不仅能有效激发、聚集人气，而且能将潜在的参与者动员和组织起来，因为人际传播更具劝说力，更容易带来信任感。链式结构社群的内容传播结果通常由三个因素决定——内容本身的属性、资源利用的有效性以及机会的可行性。

3.2.2　社群成员身份与各自的诉求

从社群结构、分类及社群角色等方面探究社群的过程就是解构社群。

美国数字营销专家 Lave 和 Wenger 依据网络社群中"居民"的参与度及变化，将社群成员分为以下 5 种。

❏ **外围的（潜水的）（Lurker）**：外围的用户，松散地参与社群活动。

❏ **入门的（新手）（Novice）**：应邀来的新用户，向着积极参与分享方向努力。

❏ **熟悉内情的（常客）(Regular)**：非常坚定的社群拥护者。

❏ **成长的（领导）(Leader)**：支撑用户参与，互动管理。

❏ **出走的（资格老人）（Outbound Elder）**：因为新的关系、定位等而逐步离开社群的老用户。

社群成员的典型成长轨迹如下。

1）发现社群并注册成为社群成员。

2）潜水一段时间，熟悉社群环境。

3）开始积极参与社群活动，为社群做贡献。如果极度专注，有可能成为社群的领导，获得网络上的地位。

4）因为时间、兴趣等逐渐远离社群，"迁徙"到新的社群。

其实每一个互联网产品和品牌的社群成员的成长都有类似的轨迹。回忆一下你是如何一路从 BBS 论坛、博客、微博、微信、抖音迁徙过来的，可以据此分析微信、微博的部落成长及变化趋势。

如果一个社群的中坚力量、领导、意见领袖等核心成员开始迁徙，那么也就意味着这个社群将走向衰落。没有哪一个社群会永远昌盛，所有社群都有生命周期。笔者认为，在社群出现迁徙的初期，也许可以遏制，做些努力让生态得以休养生息，不会迅速瓦解，但是总体衰落的趋势不可逆转。

试想当年流行的开心网、人人网，在面对微博崛起时，社群部落规模化迁徙，生态发生变化；在微信的冲击下，新浪微博平台上的社群开始迁徙；在抖音等短视频的冲击下，微信用户也开始大规模迁徙。你可以根据平台上社群所处的阶段对社群发展进行一定的干预。

海外咨询公司 Forrester 从社群行为下手，将社群中的角色分为如下几个。

- ❑ **创造者**：指经常写微博、购买产品、分享内容、上传短视频的网民。
- ❑ **评论者**：指在网络上对其他内容做出回应的人，如在短视频下留言、发表评论的人。
- ❑ **收集者**：指使用收藏夹、网盘等工具收集有用信息并乐此不疲的人。

❑ **参与者**：指那些参与社交网站并积极维护个人主页、保持适度信息更新的人。

❑ **观看者**：指内容的消费者。做一个观看者门槛很低，不像创造者或者评论者那样要奉献许多内容，所以这类角色人数占比更大。

根据这种分类，你在做社群营销时，可以提供有针对性的服务来满足社群中不同角色的需求。

❑ 你是否为创造者提供了资源和动力？

❑ 你是否为评论者准备了足够多的话题？

❑ 你是否为收集者准备了一些干货知识？

❑ 你是否为观看者准备了可看的"热闹"？

上面是一些很有趣的问题，你可以沿着这个思路来制订社群行动计划。

领英（LinkedIn）欢迎每个人使用其产品来存储和共享专业经验，拓展人脉网络，因此它为用户持续提供了巨大的免费价值。随着时间的推移，专业人士的广泛参与所产生的网络效应增加了社群的价值，这使得领英成为个人在网络上发布工作状态和进行联络的重要工具。

领英现有的专业人士社群吸引了广泛的用户。专业的招聘人员和营销人员需要额外的服务，于是领英引入了不同层级的定价和服务来满足这些需求。一部分用户希望升级社群级别，以求更有效地享受增值服务，并不断拓展人脉网络，领英为此提供了专业的增值服务。

领英充分利用了病毒式营销。它鼓励每位社群成员邀请自己社交网络中的朋友加入领英，并享受免费的增值服务，免费增值服务也因此成为领英特别有效的营销利器。当免费增值服务在病毒式营销、网络效应和增加销售这三个关键环节构建了足够的优势后，领英正式启动了免费增值商业模式。

领英创造了一种网络效应。领英的用户越多，社群的价值就越高。领英的领导团队花了很多心思来为绝大多数不花钱的成员提供重要的价值。

美国数字营销专家 Nancy White 和 Elliot Volkmann 从另外一个角度拆解网络社群中不同类型的用户，并得到以下 7 种类型的用户。

- ❑ **社群建构师**：为社群设置运营目标，规划社群的未来发展方向和影响力。
- ❑ **社群管理者**：监督管理整个社群，和商店的总经理有点像。不过随着国家法律制度的健全，社群管理者也需要承担相应的法律责任和义务。
- ❑ **付费用户**：为社群贡献资金，为社群的发展添砖加瓦，同样也是社群建设的晴雨表。
- ❑ **核心参与者**：经常访问社群，参与社群活动，代表了大多数为社群奉献的网民，是社群非常重要的组成人群之一。
- ❑ **潜水者**：这个群体比较安静，不会积极将自己的观点分享出来，只看不评论、不表态是他们的主要特征之一。其实激活他们并不难。
- ❑ **统治者**：也被称为超级用户，他们在社群中很有影响力，在社群议事中拥有大的话语权和众多追随者。
- ❑ **连接者**：他们会跨界参与多个群组的讨论，积极与其他人沟通。他们是社群的连接中心，将不同的群组串联在一起。

3.2.3　社群是如何分类的

社群的分类可借鉴传统社会学的人群分类方法。将不同居民归类的核心不在于称谓，而在于不同人群的习性，对社群进行分类也是如此，因为这样可以把社群类型更好地应用在实际的营销、运营过程中。笔者结合传统社会学的人群分类方法将社群类型梳理如下。

- ❑ **地理位置上的群体**：比如近邻、郊区、村庄、城镇、城市、区域、国家社群。
- ❑ **文化上的社群**：比如本地的圈子、文化、人种、宗教、跨文化、全球社群。这类社群成员具有自己的需求和标识，社群具有他们认可的价值观和符号标志。
- ❑ **组织层面的社群**：比如家庭、亲属关系、公司组织、政治团体、职业机构、全球团体社群。

耐克社群分类与策略

看看耐克的社交媒体资料，你就可以知道该品牌的成功原因了。耐克在 Instagram 上有 3 亿粉丝，在 Twitter 上有 985 万粉丝。耐克从以下角度搭建了社群并实现了分类触达。

- ❑ 与知名人士合作。
- ❑ 使用用户生成的内容。
- ❑ 出现在客户的谈话中。
- ❑ 跨社交媒体渠道传播故事。

耐克使用社交媒体在粉丝中创造一种生活方式和一种社区意识。它的推文简短、有力、引人注目，而且几乎总是包含 #justdoit 或 #nikewomen 等标签。

关注运动员，而不仅关注产品。耐克的 Instagram 上的内容很少展示产品。它更关注运动员并讲述他们的故事。当然，在整个视频和图片中，运动员都穿着耐克产品，但广告本身不仅是鞋子或服装的特写镜头。它深入研究运动员取得成功的奋斗故事，并将自己的产品融入这些故事。广告拨动消费者的心弦，让他们在商店或网上购物时看到耐克产品或服装时就能想起这些故事。

耐克优化了粉丝和品牌之间的关系，建立了双向互动能力，并通过营造社区感和与粉丝的联系来主导社交媒体。

互联网上的社群逐渐向兴趣社群靠拢。社交网络中的兴趣图谱（interest graph）对社交图谱（social graph）的补充变得越来越重要。Meta、Twitter 和 Google 等已开始进行"相关性"（relevance）内容推送，未来这个领域会更加热门。图 3-1 所示为兴趣图谱中的在线获取信息方式。人们获取信息的方式按搜索主导→个性化推送→个性化意外收获不断进化。

图 3-1　兴趣图谱中的在线获取信息方式

下面再介绍几种社群的分类方式。

- ❑ 按年龄结构，社群可以分为老人社群、孩子社群、年轻人社群、中年人社群。
- ❑ 按性别结构，社群可以分为男人社群、女人社群。
- ❑ 按兴趣结构，社群可以分为篮球社群、汽车社群、购物社群、化妆品社群等。

- ❑ **按生活方式**，社群可以分为小清新社群、育儿社群、军人社群等。
- ❑ **按地理位置**，社群可以分为江苏版块、北京版块、上海版块等。

大家不妨思考一下：还有哪些维度可用来构建社群的分类？

未来的互联网将更加"部落化"，届时企业进行营销传播时可以精准地找到关键用户群，找到社群中的目标客户，并从之前采用的广播式营销转为定向传播。另外互联网上的部落社群化也督促我们构建自己的社群，让粉丝有一个能够沉淀下来的家。

3.2.4　B2B 客户分类与营销策略

B2B 强势崛起，B2B 营销人员数量在不断增加。那么如何针对 B2B 客户进行社群营销呢？笔者认为第一步也是对客户进行分类。B2B 客户如何分类？站在企业的角度，笔者建议将 B2B 客户分为如下 6 类（从上到下优先级依次升高）。

1）**千千万万的普通潜在客户**。对于这类客户，企业已知的信息不多，可能仅有公司的名称和联系方式（这些信息是否属实有待考证）。在接触这类客户时，你需要核实相关信息，搜集更多未知信息，把不合格的客户筛掉。

2）**已知信息稍多的潜在客户**。这里所说的信息包括微信、电子邮箱等联系方式，以及客户购买预算和其他相关数据。在接触这类客户时，你需要明确对方的购买窗口期和利益相关者。

3）**明确了购买窗口期的潜在客户**。企业拥有的这类客户的相关信息非常齐全，除了上面提到的信息，还有决策人完整的通话记录等。要注意对这类客户的培养，换句话说，一定要注意客户跟进，与客户保持一定程度的联系，尤其是在对方购买窗口期临近时。

4）购买力非常强的客户。一旦拿下这部分客户，收益就会非常可观，因此在优先级排列上应该靠前。但这类客户的数量一般不会太多，具体数量视行业具体状况而定。对于这类客户同样要注意培养，而且优先级要高于上述客户。你需要明确对方的购买窗口期和所有利益相关者，要特别注意提高这类客户对你的熟悉程度，留意可能打开购买窗口期的触发事件。

5）通过搜索引擎营销、内容营销或者熟人推荐而主动联系你的客户。这类客户需要马上跟进，明确对方有购买意愿后立刻进入正式销售转化流程。

6）质量最优的客户。这类客户专指因合同期满、预算周期到来或触发事件发生等因素正在进入购买窗口期的客户。这是优先级最高的客户，应该是你每日开发客户工作时最先去联系的人。至于目标，依然是尽快使其进入正式销售流程。

针对 B2B 类客户，每天需要系统地搜集信息，确认购买窗口期与利益相关者。随后，根据相关信息遴选客户，将质量不一的客户划分到不同类型中以采取不同的营销手段。

3.3 社群运行的游戏规则

3.3.1 如何在社群中获得影响力

互联网正在进入社群经济时代，如何更好地创建和管理社群成为解决所有问题的一个关键点。我们发现，初建社群，**如果采用简单拉人的方式，刚开始因为给邀请人面子基本都会加入，之后大家也会简单聊几句，但几天后社群就会直接进入僵尸状态**。这印证了那句话：理想很丰满，现实很骨感。

其实上述问题在企业做社群战略规划时就应考虑到。笔者就此给出的方法是：**用人文科学来解决**。例如，针对社群活跃度和生命力问题，可以从社群的权利、仪式感、社群行为心理学等角度进行综合处理。

社群的影响力是打开社群运行的重要密码。那么什么是社群的影响力呢？在社群中，如果你掌握了别人想要的或者赖以生存的资源，那么就会使社群中的其他人对你有所依赖，而影响力就是用于衡量依赖的程度和范围的。影响力是一个相对的概念，特定社群中的大咖只在自己的领域拥有影响力，对非相关人员没有影响力。可以通过以下几个小案例来认识影响力。

1）在传统媒体红火的那些日子，企业之所以把记者奉为座上宾，是因为他们掌握着媒体书写及传播的资源。现在记者的影响力正在下降，企业开始邀请自媒体人参加新闻发布会。为什么？因为自媒体人拥有新媒体时代的影响力。

2）在移动通信 SP（Service Provider，指移动互联网应用服务的直接提供者）流行的 2G 时代，歌星会与中国移动音乐基地进行沟通，原因是歌曲分发需要依赖移动通道。而在 3G/4G 时代，因为苹果商店等应用商店的冲击，付费音乐及商业都绕开了中国移动，这样音乐基地就失去了之前的影响力。

想要引爆社群，理解互联网社群运行的原理是基础。我们需要弄明白互联网上的影响力从何而来。**影响力的本质源自交换。影响力是存在相对性的，即对相关者有影响力，而对不相关者没有影响力。从社会价值交换的角度来看影响力，具有影响力的一方是基于持续的交换形成影响力的一方。**

比如，线上非正式组织是基于兴趣爱好、关系链条（校友会、行业）等构建的，其中的成员以弱关系为主，能提供更多价值的人就能获得更大的影响力。而微信中的朋友之间往往都是强关系，所以微信好友之间一般不采取群的方式进行互动，而是采用点对点的信息交流方式，这种关系下要形成大的影响力比较困难。

社群中的下列人群常常更有影响力。

❑ 创建群的人，往往拥有天生的影响力。

❑ 早期加入群的成员，比后来者拥有优势。

❑ 活动中负责协调、统计、报名等业务的联系人。

❑ 线下牛人或者经常与大家分享资源的人，这里的资源包括金钱、知识等。

获得互联网社群影响力的路径有以下几条。

1）**通过分享信息或者知识等资源，让其他社群成员对自己产生依赖**。例如，成为类似《哈佛商业评论》的主编，这样的角色可以连接信息与行业资源。在互联网社群里，你可以通过给大家发送行业白皮书或相关技术文档等资源获得影响力。

2）**主动组织活动，或者积极参与社群活动**。奉献力量，将得到大家的认可和虚拟环境下的影响力，这样的影响力可以为未来的商业及社交提供便利。比如，各个行业的意见领袖通过直播连线、线下活动连接，成为超级人脉节点，顺势获得资源。

3）**与虚拟环境下有影响力的人结盟，站在核心圈层的周围，顺势嫁接他人的影响力**。在互联网社群中通过与有影响力的人互动并与之形成良好的关系，可使自己成为群里有地位的人。注意，不是通过拍马屁来和有影响力的人建立关系，而是通过提供相应的价值，成为一个受人尊重的群友。

4）**适当炫耀，延展线下资源或者优势**。比如，可以给大家发红包，但也要注意频率和方式，拿捏好分寸。

5）**通过技术手段获得权力**。例如借助搜索引擎的 SEO、PageRank 指数让自己明确努力的方向。通过这种方式获得影响力的思考角度是，成为用户获得信息的路径。其中 PageRank 指数探讨的是有多少网站连接到你，初期可以通过购买资源进行连接，后期主要是与有对等互联网影响力的站点进行资源交换。

影响力的塑造和获得需要一个过程，只有洞悉虚拟社群中的游戏运转规则，才能更好地管理和驾驭影响力。

3.3.2 理解社群文化与行为学

想要引爆社群，理解社群的文化是软性但又特别重要的事情。

1. 什么是社群文化

何谓社群文化？简单而言就是群体潜移默化中所坚持或认可的一些规则和态度。不同社群在互联网空间上展现出的文化不同。大多数社群文化均源自平台运营方、早期种子用户构建的文化。`

在草根电子商务交流圈中曾经有一个网站，这个网站是笔者所知的最早提出干货分享的社群。笔者的一个朋友是圈内的大咖，他注册了一个马甲账号并在派代网将自认为很有战略性、很干货的内容扔到社群中，结果骂声一片。他特意找笔者探寻其中的缘由。笔者轻描淡写地告诉他，你到一群淘宝卖家的社群中讲企业管理、战略，他们看不懂，当然就骂你了。我也多次观察过这个社群，这个社群成员"怼"不喜欢的内容确实很有一套，但是恰恰是这种文化，让群里的文章质量不断提升。究其原因，当年搭建社群的人以及种子用户在初期就是这样做的，潜移默化中就形成了这种社群的"怼"文化。这个网站背后的一把手的个人性格也对社群文化的塑造起到关键作用。

2. 理解年轻社群文化

马化腾有一句话简单且深刻："你没有错，错就错在你老了。"品牌年轻化的问题非常严峻。有智慧的企业都在积极理解年轻社群，并与其开展心与心的连接。

国内最早将二次元及年轻化注入银行系统的是招商银行的海贼

王信用卡（见图 3-2）。多年前，笔者曾经随机访问了多位 90 后，问他们是否办理了海贼王版的信用卡，他们的答案让人震惊：必须办理。甚至许多人收藏了整套卡片。同样是信用卡，这个群体刷的不是卡，是身份、是格调。招商银行信用卡部门的这一举措可谓用心良苦，是非常有远见的一招。因为当下那些 90 后，过几年就会长大，继而成为商业中的中坚力量，而陪伴成长比简单打折吸引更有效果。

图 3-2　海贼王版的信用卡宣传海报

欧莱雅在决定直播招聘之前，提供了数个直播平台给 90 后选择，得票数最多的就是 B 站。欧莱雅相关负责人表示，B 站的用户定位是不太懂品牌的年轻人，而这些人正是品牌需要的。为此团队选择将招聘的宣讲会在 B 站以直播的形式发布，可以想象 90 后的大学毕业生会因为欧莱雅贴心的服务对品牌产生好感，企业也可顺利招聘到优秀的年轻才子。

西山居团队倡导社群文化驱动的游戏开发

金山游戏的西山居，是国内最早的游戏开发工作室。在游戏渠道被腾讯牢牢抓住的情况下，西山居通过引爆社群来创新游戏开发和营销推广方式。

笔者第一次和西山居团队交流时，被每个员工桌子上摆放的奇奇怪怪的照片吸引住了。之所以说是奇奇怪怪，是因为常规的办公桌都会摆放家人或自己的照片，西山居团队却摆放着类似保安、厨师、杀马特造型的青年的照片。一聊才知道，这些照片都是西山居真实玩家的照片，是通过活动征集来的。走在西山居的工作间，在办公桌、墙上等地方可以发现到处贴着玩家的照片。管理者以此来提醒员工，在游戏的设计、策划、开发、运营等过程中，应摒弃以潜意识或朋友圈的情况作为标准，照片上的玩家才是游戏运营的标准。通过摆放和张贴玩家照片，可以让员工从意识和行动上树立以玩家社群为中心的理念。

理解社群的文化是进行产品研发、市场营销、客户服务等的基础。我们看到，西山居团队通过在工作台上张贴用户的真实照片，时刻提醒团队成员在为谁服务。这确实是一个有效的方式。笔者之前访问一家企业时发现一个小细节——每个电话营销人员的桌子上都摆着一面圆形的镜子。后问其原因，原来是公司希望营销人员打电话时能够看到自己的微笑，这样也可给客户传递快乐。不论是西山居还是后面这家企业，其所作所为都是为了贴近用户。

3.4 绘制目标社群在互联网上的分布地图并引爆

为了更好地诠释找到目标客户所在的社群并引爆它的做法，我们先从 QQ 空间与红米手机的案例说起。小米在 QQ 空间的销售神话是 90 秒卖出 10 万台手机。大多数人只是看到了结果，并未意识到这是一场经过提前预测与精准匹配的社群引爆事件。团队从 5 个方面评估了社群引爆的可能性。

1）根据 QQ 相册分析手机的品牌，之前连续 3 年基本都是苹果与三星占领大部分市场份额，而发自小米手机的图片量级快速攀升到第 3 位，活跃度远超国内其他手机品牌。

2）发现 QQ 用户大规模讨论替换功能机的话题，上亿用户正处于换机前夜，潜在需求旺盛。

3）发现用户在讨论小米手机时，品牌认知多为"经济实用"，一旦强化该认知，对中等收入用户以及三四线城市用户，会具有较强的吸引力。

4）小米在微博和 QQ 空间上做了一次小规模的投放测试，发现新浪微博的用户已经完成智能机更替，而 QQ 空间用户正处于换机边缘。

5）小米敢于以"价格锚点"激活用户购买欲望，当时商定在 QQ 空间售卖的小米手机是千元机，在活动前最后一天，小米给出了 799 元的尖叫价格。

从上面可以看到，小米手机团队是如何精准识别目标客户所在社群并引爆的。当然一个关键洞察是发现 QQ 上亿的用户正处于换智能机的前夜，潜在需求旺盛。

目标客户群在网络空间的分布就是企业的"新作战地图"。为了更有效地触达客户，需要摸清社群分布及生态情况。在商学院教学与企业咨询过程中，笔者经常提的一个要求是：请绘制一份你的目标客户群在互联网上的分布地图，并按照人数多少、活跃程度、对商业的影响程度等综合因素进行排序。

例如，在针对女性防晒的新产品推广中，你需要绘制出特定女性聚集的社群站点，并进行分类。圈定目标客户所在的美容类、时尚类、购物类、地方类社群（见图 3-3）后，接下来需要做的就是通过内容与话题来引爆社群，让她们"沸腾"起来。在实际执行过程中你会发现，目标客户会以多种形式分布在不同的社群空间，例如在这个案例中就发现刘德华、梁朝伟等明星的贴吧里面有一批高质量女性客户。

图 3-3　目标客户聚集的社群及引爆方法示意

　　某时尚社交 App 初期抓住 QQ 空间和微博红利期，不断输出内容。为了摸索用户偏好，该 App 做了许多尝试，比如通过数据分析和用户反馈，发现内容输出型微博的价值远高于其他类型微博。最终其微博采用的输出形式是"一个九宫图＋一段导购文案＋一个商品链接"，并逐步将其规模化，网站流量瞬间升至原来的 30 倍。该 App 服务的社群是爱美的女孩，她们特别喜欢做测试，团队就在各个大号中发测试游戏，经过几轮测试，当时微博里的女孩基本都被覆盖了。然后再通过内容的影响力，这批用户就直接转化了。

　　该 App 的运营团队在寻找社群部落的过程中，发现用户早期都聚集在天涯、BBS 及豆瓣小组上，但这些社群部落没有统一的场景，因此团队认为构建一个针对女性服饰搭配的场景是有胜算的。该 App 提供了一个专业的场景，针对图片体验不好、群体不聚焦、不易分享等问题做优化。该 App 团队为此特意开发了一个小工具，这款工具主要实现三个功能：第一个是为分享的商品附上链接，主动抓取商品价格、标题、图片等；第二个是对信息进行整理并合理呈现；第三个是加入满足互动需要的点赞功能。

　　该 App 团队聚焦社群，先从天涯、BBS 到豆瓣小组，再到后来的微博、微信等社群平台，通过内容以及对社群的理解，将人气导入自己的平台并获取了商业价值。

想引爆社群，可以从以下几个方面着手。

1）**摸清社群在互联网上的分布地图**。只有非常清楚社群在整个互联网上的据点，才能制定相关的策略。这张分布地图就是社群营销战斗的地图。

2）**依据营销目的及实际情况找准目标意见领袖**。营销都有特定的目的，在充分分析目标消费者所在社群的前提下，找到对应的意见领袖，才能事半功倍。

3）**质量和关联度高的内容才能带来正确的反馈**。内容的布局与思路都必须紧扣主题与目标，哗众取宠、乱蹭热点的内容，不能带来正确的反馈，反而会造成客户对信息接收与判断的错误。

4）**正视消费者的意见与反馈，并给予真诚回应**。在引爆过程中，需要随时关注社群的声音，依据实际情况做出相关的调整，以便更好地迎合市场和引爆社群。

方太专注厨具，通过多年的努力占据了行业领导者地位。笔者多次为方太的高管团队和市场部提供新零售与数字化战略方面的培训。方太线下市场团队还专门成立了"基于引爆社群新4C法则，实体店本地化引流"项目组，通过"引爆社群"来探索线下零售店、体验中心如何融合。方太通过复盘油烟机等产品的社群购买行为，勾勒出新时代的营销方向，即通过社群思维和新的手段向未来3个月计划购买厨电的人群传送销售信息以获得业绩。

笔者指导方太团队研讨的题目是：如何通过引爆社群的方法，以O2O的模式精准地找到未来3个月会购买厨房电器产品的人群？

首先我们将场景界定在即将交新房或者交新房后的3个月内。在这个场景下，有较多的人会考虑装修，方太必须卡住这个场景。

在社群部分，笔者给出的建议是，每个地区必须摸清楚目标用户互联网活动、厨电讨论的社群平台。学员们通过 20 天的努力，有针对性地找出所在地区社群的聚集区域，这些区域将作为未来相当长的一段时间内作战的地图。比如，下面是负责嘉兴片区的小伙伴们分析出来的嘉兴片区方太潜在用户的分布地图。

- ❑ **论坛类：** 嘉兴第九区论坛、嘉兴人论坛、嘉兴 19 楼论坛、嘉兴 108 社区、海盐论坛、桐乡生活网、平湖论坛。
- ❑ **贴吧类：** 嘉兴吧、方太嘉兴吧、嘉兴装修吧、湖州吧、长兴吧、安吉吧、桐乡吧、海宁吧。
- ❑ **公众账号：** 嘉兴 19 楼、嘉兴第九区、嘉兴人论坛、嘉兴结婚狂、嘉兴交通广播 FM92.2、湖州微生活、南太湖 FM103.3、湖州交通广播、湖州网、吃遍嘉兴、嘉兴移动、嘉兴房产超市网、嘉兴吃客、臻光微生活、腾讯房产嘉兴站、嘉兴日报、南湖晚报、周游桐乡、嘉兴亲子、嘉兴公交电视、嘉兴名匠装饰、指尖海宁、嘉善亲子。
- ❑ **QQ 群：** 江南一品业主群、嘉兴 DIY 烘焙群、绿地美郡（业主群）、易百材料联谊群、建材采购高级群、嘉兴装修建材网、浙江装修装饰交流群、桐乡巧手饼妹烘焙、烘焙爱好者交流二群、浙江平湖手工烘焙群、湖州装修装饰群、南太湖装修业主群。

笔者在与方太市场部商谈如何借助引爆社群理论来撬动方太在本区域的销售时，柳州团队的实践取得了良好效果。柳州方太团队每隔一个阶段就会分析接下来 3 个月即将开盘的楼盘，从购买力等多个角度筛选要重点拿下的小区。

没有经过专业培训的企业，经常会带着直接分发小广告的思维加入业主群，最后不仅起不到销售及传播的效果，还会损坏品牌的形象。基于这个原因，笔者建议方太柳州团队学习网络社群运营的规则，努力做受人喜欢的群友，不骚扰用户，只提供价值和服务。该团队积极解决微信群、QQ 群等地方的用户提出的问题，积累了网络空间的信任。

柳州团队的创新之处在于通过业主介绍、邀请或购买群资格的方式低调加入业主群，因为许多业主群非常排斥外人尤其是广告商的加入。该团队通过在群里与群友互动，以最快的速度摸清微信群、网络空间的意见领袖及有地位的人，在接下来的优惠活动、烘焙活动中优先邀请他们。在拥有一定群众基础后，遇到合适的时机再思考如何销售。柳州方太的一个小伙子，仅通过在一个群中组织业主团购，一次就获得了近 30 万元的销售业绩。

方太零售团队在应对互联网尤其是电商对线下实体零售的冲击时，积极通过社群引流、社群销售等方式进行颠覆创新。我们可以看到，方太零售团队之所以能够介入社群，利用社群做销售，是因为团队对网络社群运行游戏规则的理解足够深刻。

3.5　社群搭建的完整框架模型

企业对社群的操作，可以简单分为两种方式：

- ❑ 找到客户社群，通过与意见领袖（自媒体、群主）合作，或者自己潜伏到社群与客户互动来影响客户。这种方式已经在前文介绍过了。
- ❑ 构建自己的社群与私域，经营客户资产。若你认同客户资产理念，且你的客户群体足够垂直，那么你就可以考虑持续投入人力、物力来运营社群与私域流量池了。

笔者结合过往咨询与实践经验，总结出社群构建和私域运营的框架模型。这套框架模型可以有效指导企业进行实践，类似抖音、小红书、知乎、微信、B 站、微博等官方账户可以直接套用这套模型。类似 SAP 社区、小米、蔚来汽车等自有论坛，也可以通过这套模型来运营微信群、QQ 群等。

下面就来介绍这套框架模型，也就是如何正确构建一个社群。

3.5.1 你想要得到什么

要建立一个成功的社群，你首先必须知道为什么要建立它。这个"为什么"其实就是你运营这个社群的长久驱动力。没有搞清楚这个答案，你就没有动力做这件事，更不用说制定社群持久运营战略了。

要回答为什么建立社群，其实就是明确这个社群运营会给你带来什么好处。笔者认为社群的好处主要有如下几个。

❑ 与客户直接沟通——增加与客户沟通、为客户服务的渠道。

❑ 产品反馈——品牌社群可以测试新产品并得到客户的反馈。

❑ 获取新客户——社群运营可以吸引新客户。

❑ 销售转化——社群可以帮助建立信任并促进销售转化。

❑ 客户支持客户——某些客户可以回答其他客户的问题，减轻企业的相关负担。

❑ 忠诚度——社群运营会提高客户忠诚度，而忠诚度是企业的隐性竞争优势。

❑ 客户保留——社群可以提供更好的支持与客户体验。

时不时问问自己：社群目标（构建它的原因）是否与企业目标和客户目标一致？

3.5.2 你的客户（社群成员）想要什么

你的客户正在寻找什么样的社群？他们是想获得人脉、行业新知，还是优惠折扣？他们想要在给定领域或行业中获得曝光的同时不断学习经验吗？

虽然企业会从构建的社群中受益，但记住满足社群成员的需求始终是第一位的。客户需求和组织目标可以而且应该保持一致。只有明确了客户想要什么，你才可以成功建立一个品牌社群，并通过这个社群满足成员的需求和企业的商业诉求。

请记住，社群是长期投资，而不是脉冲式短暂投资。因此，开始就通过客户需求锁定种子用户，会比漫无目的地广撒网更有价值。

一旦拥有了忠实的种子用户，你就会自动拥有一群信任你、欣赏你的人。他们也会积极参与社群活动，帮你宣发新品，参与产品反馈测试。关于如何有效识别种子用户，筛选出种子用户，建议阅读笔者写的《种子用户方法论》[⊖]。

3.5.3　确定内部利益相关者

在创建社群之前，你需要确定关键的内部利益相关者，如组织内关心社群建设（或将受其影响）的经理、业务部门领导和同事、企业高管等。

1）**社群经理**：虽然组织中有人担任指定的社群经理（负责社群运营、社群管理等工作），但更确切地说你需要一个分布式协作团队。社群是企业对外营销与日常经营管理的核心，仅凭社群经理是很难有效拉通与激发社群的。

2）**市场营销部、产品经理、客户服务部等**：面向客户或者影响客户体验的部门的员工和领导，都是社群利益相关者。

3）**高管**：例如 COO、CMO、CGO 等，他们背负企业增长、市场业绩指标，也会是社群战略的坚定支持方。

仅找到这些利益相关者还不够，你还需要把他们变成支持你的

⊖　该书已由机械工业出版社出版，书号为 978-7-111-63595-6。——编辑注

社群战略的人。为此你需要准确说明社群战略在提高整体投资回报率的同时会让每个部门得到什么好处。你要使用具体的示例和数据向每个部门推销你建立社群的想法。

3.5.4　制定启动框架

无论你是想提高客户满意度、降低与客户互动的成本、增加客户对产品 / 服务的需求，还是想要实现其他目标，都需要了解自己想要什么，因为这会帮助你制定出正确的启动框架。因此你需要设置目标和关键绩效指标（KPI），以便在社群启动并运行后衡量其成功与否。有了目标和 KPI，你将能够定性和定量地评估社群的成效及对组织的影响。

衡量社群是否成功的两个关键要素是参与度指标和业务指标。借助参与度指标，你可以衡量社群的活跃程度以及哪些内容会激发活跃度。使用业务指标（跨部门衡量），你可以衡量社群对你的整体业务产生的影响。两者对于建立成功的社群都很重要。

3.5.5　选择社群载体与呈现形式

在为你的组织确定最佳社群构建平台时，应仔细查看每个平台可以提供的功能以及这些功能是否可以服务于你的社群建设目标，从更深入的数据分析和客户交付界面到平台开发灵活性、客户互动便捷性等，都要涵盖。

常见的社群呈现形式有 4 种。

1）**自有论坛社区类。** 典型代表有小米、蔚来汽车等。适合相对复杂的产品，需要投入更多时间与人力，但有不可替代价值，比如数据自有，可控性更高。

2）**各平台的官方账号。** 抖音、小红书、知乎、微信、B 站、微博等官方账号也是社群聚集处。这类平台入门比较快，投入低，但是数据及客户属于平台，你需要制定相关策略将客户导入自己的社群。

3）**企业微信、微信群、QQ 群等**。这是微观层面的私域与社群形式，这类社群的运营难点是管理难度大，人力成本高，虽然有不少辅助工具，但是社群多了，依然会存在这样的问题。这类社群多了以后，还可能导致社群变成信息发布的通道，从而丧失社群应有的价值。

4）**企业自有的 CMR、客户服务系统等**。这类平台的优点是企业拥有完整的权限，可以在社群进行各种互动，但是开放性与潜在新客户导入存在极大挑战。数字时代的自有 CRM 及相关体系需要刷新组织与管理方式。

3.5.6 制订社群参与计划

个人加入社群的常见原因有如下几个。

❑ 学习知识。

❑ 与他人建立联系并建立有意义的关系（在自己的领域、行业等）。

❑ 获得价值（比如优惠信息、专业知识、行业内幕等）。

❑ 与行业中的意见领袖保持一致。

如果你建立了一个社群，但是不能提供任何可以让成员保持参与、兴趣和联系的价值，那么这些成员迟早会离开。所以具体提供什么价值，是社群运营计划的重要组成部分。

在制订社群参与计划时，你还需要考虑清楚如何让潜在成员轻松找到你，并让所有成员轻松连接、共享、创作、协作。

这里要重点提醒：**如果你希望成员在社群中感到安全、温馨和包容，请放弃"控制"一切的妄念。相反，让你的社群成员有机会发出他们的声音，有机会参与有意义的对话并分享想法。所有社群成员都希望成为社群的一部分，而不只是看客。**

3.5.7 建立你的社群

社群的构建可以分为目标引导构建和偶得引导构建两种。不同构建方法决定了社群结构、结构动力及冲突机制等方面的差异，如表 3-2 所示。

表 3-2 两种社群构建方式对比

对比项	目标引导的社群构建	偶得引导的社群构建
隐含的假设	目标性、工具性。行动者拥有一个共同的社群目标，构建社群是实现这一目标的需要，对成功与否的衡量也是依照目标进行的	没有事先约定的目标。社群是因遇到随机事件临时构建并保留下来的
典型网络成长路径	围绕共同目标，社群很快建立起来。目标的实现情况和生命周期会影响社群发展。新目标的发现会延长社群的生命周期	社群发展缓慢，且要借助于个体连接来获得成长动力。但在变动的前期，社群具有长久而稳健的生存能力
结构动力	具有中心领导者，是一种核心-边缘型结构的集中化组织。结构洞现象最少，具有紧密的连接、清晰的边界。基于个体的加入来实现成长，不太可能出现衍生社群	不存在中心领导者，是一种非集中化的结构。会产生结构洞，具有松散的连接和模糊的边界。随着时间的推移，很有可能出现衍生社群
冲突机制	如果存在目标上的冲突，社群很有可能面临解体	同一个社群中可能存在若干子群，每一个社群内部都很团结
对个体的意义和价值	更为同质的行动者。个体基于共同的目标而加入社群，个体社会资源流动主要是在相似的组织之间，较易预见其发展路径。强调全社群范围的信任	更多样、异质性的行动者。个体基于共同的连接而加入社群。流动性主要基于连接关系，可能出现偶发或出乎意料的社会资源。强调关系层次的人际间信任

社群构建完成以后，在后期运营过程中保持利他的初心是最为关键的。很多企业往往在社群扩大以后，把变现放到了第一位，从而导致社群开始走下坡路。

在许多消费者的心目中，企业总是把利润置于消费者的福祉之上。企业"只是想让人们把更多的钱花在不需要的东西上""并不是真的想帮助消费者"。例如在收银台前，把糖果摆在与孩子视线等高的地方会促进消费，但也会让许多家长与孩子发生争吵。久而久之，大多数消费者都会对企业存有戒心。若是社群改变了利他的初心，就可能引起客户的反感。

社群能够繁荣是因为它能给企业、社群成员自身带来价值。**价值是社群拥有强大生命力的关键。社群构建要做的不是在事前决定价值，而是创造一些事件、活动和关系，使潜在的价值显现出来，并通过其他方式来获取价值。** 例如 SAP 社区放弃了产品广告宣传机会，转而为企业更好地开展数字化转型提供支持，帮助成员更好地学习数字化工具的应用方法，如图 3-4 所示。这不仅提高了社群的活跃度，还给企业带来了更多商业机会。

图 3-4　SAP 社区的界面

3.5.8　营销你的社群

当你的社群启动后，并不会自己裂变、发展壮大。如果你的客户、潜在客户、产业链上下游没有参与其中，甚至都不知道有这个社群的存在，那么你的社群的投资回报率就堪忧了。

你可以通过以下几种方式来推广营销你的社群。

❏ 在对外的日常邮件与广告宣传素材中给出对应的介绍和加入社群的方法。

❏ 在企业的网站上添加社群链接与入口。

❏ 在社交媒体上推广。

❏ 通过病毒营销与口碑激发社群成员邀请其他人加入。

❏ 通过优质内容吸引潜在感兴趣的人员加入。

乐高社群构建与私域运营创新

乐高作为积木行业的标杆与代表，除去在产品层面层出不穷的创新外，在社群与私域上的扎实实践也可圈可点。

1. 为年轻人和成年人打造不同的基调

乐高有两个主要目标人群——儿童和成年粉丝。为此乐高的网站有一个"儿童区"和一个"成人区"，每个区都有独特的营销方法、基调、外观和功能。乐高调整了社群服务以适应目标受众的需求。

❏ 儿童区：迷你游戏、互动测验/调查、上传创作（UGC）。

❏ 成人区：论坛、线下和线上聚会、市场信息、产品构思。

社群细分是品牌建立社群及私域流量池时关注的关键因素之一，因为它对参与度来说至关重要。为此乐高对社群进行了更深入的细分。

❏ 兴趣——这样人们就可以专注于获得最大价值的东西。

❏ 位置——让人们更容易在现实生活中相遇。

❏ 社会特征——基于性别、年龄等进行细分，人们可以找到更多有相同话题的人。

❏ 社群参与——构建顶级会员、VIP 客户、产品测试人员的私人群组。

……

2. 赋能现有社群和超级大使

多年来,乐高粉丝一直在组建俱乐部和论坛。乐高一直在寻找现有社群并扩大它们。例如乐高大使计划主要面向关键社群的管理员或主要内容创建者。乐高大使可以主持与其他粉丝的会议,与世界各地的组织者交谈。

当然,并不是每个品牌都能产生"乐高"级别的热情,更不会这么重视"野生社群"(非官方建立的社群)。其实野生社群的数量非常多,而且其中蕴藏的机会也非常多,所以企业在决定建立社群的时候不要忘记检查是否已经拥有社群。

3. 与超级粉丝共同创作

乐高在粉丝社群共同创作方面做得非常好。共创举措很简单:如果你想要创建一个新的乐高组合产品,只要从社区里获得10 000个赞成票,那么你的方案就可以进入审核流程。这是乐高吸引客户开发新产品的最佳(且无风险)方式。

LEGO Ideas(乐高的一个系列产品)已将新乐高套件的上市时间从2年缩短至6个月。在不到10年的时间里,Ideas社群开发了36种新的乐高套件,所有套件都是畅销品,其中90%在首次发行时就销售一空。

通过社群,乐高已经能够增加SKU的数量,并积极使用LEGO Ideas作为想法的生成器。通过了解社群的动向,以及活跃和富有创新性的粉丝正在关注或创作的内容,乐高可以随时把握热点,并引领媒体话题。

4. 收购最大的独立粉丝社群

乐高利用现有社群的方式相当直接——巨资收购最大的乐高成年粉丝在线社群BrickLink。BrickLink拥有100多万名成员,是一个拥有高参与度的讨论型社群,包含分布在70多个国家或地区的10 000

多名卖家及上下游关联方。乐高收购该社群的目的是获得洞察力，获得产品创意，发布新作品。因为有不少粉丝担心 BrickLink 被收购后变得太官方，所以乐高明确表示，尽量保持 BrickLink 自治。

3.6 自有社群的构建与运营

自有社群是企业拥有完整控制权的社群，这类社群不仅可以提供社交媒体平台的所有功能，还可以让企业在与客户的沟通方式上有更大的可控性和灵活性。创建在线社群的目的是将人们聚集在一起并建立有意义的关系。自有社群的形式很多，例如，企业构建一个带有论坛或评论功能的网站，这个网站就是企业可以自行管理的自有社群。

自有社群对企业的限制少一些，因此企业可以提供更深入的分析，开展游戏化设置，甚至可自定义一些功能，为客户创造更好的体验。**如果你需要一个安全、私密的区域供你与客户互动，那么自有社群是你的最佳选择。**

3.6.1 4 个自有社群构建与运营的典型案例

案例 1 强生在自有社群方面的探索与实践

强生公司运营着一个非常成功的在线社群 BabyCenter。这个社群的厉害之处在于：在美国使用网络的准妈妈和有着 2 岁以下宝宝的妈妈中，78% 都是这个社群的成员。每月来 BabyCenter 的美国妈妈，比每年出生的美国宝宝还多。BabyCenter 在提供价值上有自己独特、坚持的方向。社群根据孩子的年龄来划分专家建议、科学研究等文章。更为重要的是，这个社群让妈妈们有了分享照片、交朋友、写博客、探讨问题、传递经验的地方。相对于其他全人员覆盖的社交网络，BabyCenter 只面向妈妈群体。图 3-5 所示是 BabyCenter 全球网站的中文版。

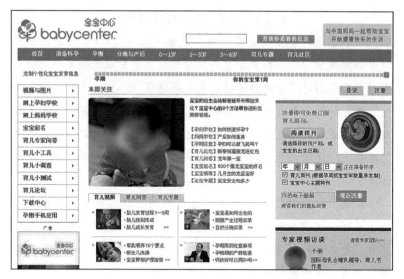

图 3-5 BabyCenter 全球网站的中文版

你可以看到，许多妈妈一有空闲就会写日记来记录她们怀孕的经历、孩子成长的过程，甚至分享育儿经验。这些具有相同目的的妈妈们聚集在一起，随着时间的推移，最终形成独特的部落。

BabyCenter 创建之初就提供与 10 岁以下甚至未出生孩子相关的各类工具、信息和经验。排卵期计算器、宝宝起名工具、与儿童成长各阶段相关的成长信息和文章，这些构成了妈妈用户定期回到这个网站的理由。

在移动互联网时代，BabyCenter 推出许多实用的应用，典型代表是 Booty Call。该应用可以定期给处于排卵期的用户发送受孕率警报，还会发送一些提示和信息让用户考虑排卵期的事情。

强生运营的这个汇聚全球妈妈的社群，对于强生公司来说，不仅是和用户交流的平台，也是很好的销售平台。该社群在新产品推广、产品研发、用户服务等方面都产生了不可预估的价值。

案例 2　蔚来汽车引爆社群潜力

每个蔚来的车主都是蔚来的"野生代言人"，他们特别愿意向周围朋友推荐蔚来。蔚来车主不仅会拿出真金白银来买车，更会拿出自己宝贵的时间和精力来给蔚来品牌增值。

蔚来创始人李斌说过，蔚来有几次资金链接近断裂，都是靠车友的老带新销售才挺过来的。还有不少蔚来车主愿意到蔚来的各个门店去当志愿者，现身说法，向前来咨询、看车的顾客分享自己的体验。

蔚来的 App 不是一个发布官方信息的工具，而是蔚来车主的线上生活社区。车友们在上面非常活跃，分享各种用车经验、趣闻轶事，发起各种兴趣爱好群。李斌和蔚来的其他高管也会不时地在群里冒泡，活跃社群气氛。

在社群之外，App 上的其他内容也大都是蔚来与用户共创的。比如，蔚来商城里的服饰品牌，都是邀请车主作为模特进行拍摄宣传的；汽车使用指南，是邀请车主一起写作的；App 里类似播客的NIO Radio 节目，也都是车主自己创作上传的。在车主眼中，蔚来App 不是"官方"App，而是"我们的"App。

蔚来中心是一个专为车主打造的线下第三空间，设立了会议室、知识博物馆、儿童乐园等多个功能区域。蔚来车主可以和工作伙伴一起头脑风暴，举办分享会、生日会、个人音乐会等。蔚来还会定期组织大咖演讲和各种主题体验活动。

蔚来把自己的新品发布会办成了大型车友现场会。比如一年一度的 NIO Day——蔚来日，是蔚来的一次大型发布会。但是，大会在哪儿办不是由蔚来决定的，而是由车主决定的。这有点像奥运会城市的申办程序，各个城市的车友会要先提交申请，再进行申办答辩，最后由蔚来社区的所有用户投票决定花落谁家。

蔚来对车主志愿者有一定的积分奖励，但更多还是荣誉。蔚来做用户运营，不是刻意去强调品牌与用户之间的关系，而是更加注重构建用户与用户之间的连接，让每个用户都为其他用户创造价值。

蔚来汽车通过社群运营与运营获取客户认同，拉动市场销售。这也是蔚来汽车实现突围的关键。但是一家企业的持续发展还是要看综合实力，蔚来的未来发展还有待观察。

案例 3   乐高借助 LEGO Creator 网站引爆新产品营销

在自有社群方面，乐高也做得很好。乐高通过自建的 LEGO Creator 网站鼓励消费者提交自己设计的模型，从这些设计中挑选出优秀的作品作为积木套装的备选方案，然后让消费者投票选出最好的方案，获奖者则能从销量中获得 5% 的利润。沿着这个思路下去，乐高根本不知道下一代套装产品是什么样的，一切由乐高的用户说了算，乐高将支配权交给了消费者。这样不仅节约了设计成本，还降低了产品不受市场欢迎的风险，而且从本质上调动了消费者的创造力，让他们贡献力量。从心理学上讲，当消费者参与创造，贡献了力量时，他们就会卖力去推销这个产品，因为这个产品有他们的努力，他们要让这个产品流行，不然就丢面子了。

案例 4   宝洁的 Beinggirl.com 自有社群构建实践

让我们来聊一聊卫生巾吧！

你会聊下去吗？应该是难以启齿的，所以在推广卫生巾的时候就需要换个角度。女性护理产品是有鲜明特色的，一旦消费者喜欢上某个品牌，很可能很长一段时间都会认准它。品牌方若只在电视上对着一群无关紧要的人进行狂轰滥炸，那么很难与精准的用户（目标女性）形成对话。在微博上，企业对产品的宣传也不能直接探讨月经等问题，因为话题过于敏感，很难让消费者畅所欲言。

如何应对挑战？

宝洁构建的 Beinggirl.com 不是有关卫生巾的社群，而是解决与年轻女孩相关的所有问题的社群。许多女孩子对家人难以启齿的问题，在这里都可以匿名发言，这会让她们放松。

比如有人问："第一次来例假，如何是好？"这个时候就会有许多女孩过来帮忙："亲爱的××，我想你应该庆祝一下，这是你一生中重要的'成年礼'。你应该告诉你妈妈……"

通过 Beinggirl.com，宝洁很快占领了社群的制高点，顺利地将卫生巾产品输送给目标用户。构建用户的社群无形中建立了竞争的壁垒，等竞争对手想追赶时，留给对手的空间却已经很小了。

3.6.2　百度英才在线社区项目

笔者曾作为百度社群的顾问，受邀针对百度的搜索引擎营销（SEM），为企业及其操刀者解读如何构建互联网社群项目。项目的背景是：互联网上，没有关于搜索引擎营销的讨论类社区，作为国内最大的搜索引擎有责任构建这类社群平台。

项目从开始到立项再到初步执行，前后经历了很多复杂的流程，后来因为团队人员变化及其他一些因素，该项目草草收尾，这让笔者至今仍感到惋惜。虽然这个项目最终没有成功，但是通过这个项目，大家可以完整地了解构建一个自有社群的流程和方法。下面就基于笔者对该项目的理解进行介绍。

为了让百度英才在线社区运营更符合自身规律，并满足组织战略成长要求，必须在前期就规划好英才在线社区的建设工作（见图 3-6），还要与负责各项具体运维工作的人进行对接，形成强有力的执行规划与保障机制，从而保证所有人按整体战略目标要求行事。

项目的推进

　项目的开展——在充分了解客户需求的基础上，对全球ToB在线社区经验总结的前提下，快速而有战略地推进英才在线社区建设。

※　梳理出全球企业尤其是ToB企业的社区建设及运营情况

　　　对阿里巴巴网商社区、SAP企业社区，以及Oracle、Google等企业社区进行梳理。

　　　　定位
　　　　功能模块
　　　　人群
　　　　社区运营情况
　　　　经验

※　对潜在参与者进行调研，在此基础上形成我们的实施框架及落实的具体策略。

图 3-6　百度英才在线社区项目的推进

百度英才在线社区具有可行性，经过初步调研、沟通发现：

❏ 搜索引擎营销从业者有意愿通过互联网进行学习和沟通；

❏ 搜索引擎营销从业者希望有一个专门讨论 SEM 的地方；

❏ 搜索引擎营销从业者的体量足以支撑英才在线社区正常运营。

在线搜索引擎社区的价值：

❏ 服务既有的搜索引擎营销从业者；

❏ 成为搜索引擎营销、数字营销的线上自有社区；

❏ 获得销售机会，刺激销售；

❏ 构造客户资产壁垒，超越竞争对手，构建企业可持续发展基础；

❏ 为在线社区用户提供聚集的广场，让用户拥有话语权。

通过讨论、评估问答社区、BBS 论坛、Meta 和 Twitter 类的 SNS 社区的运营模式，确定 BBS 论坛的知识门户方式是百度英才在线社区可行的方向。百度英才在线社区是面向企业的专业知识社区，也是面向 C 端用户的社交门户。社区的构建涉及方方面面，比如社区发展计划、社区氛围和文化的塑造、线上线下资源的导入、团队工作及流程的制定等，如图 3-7 所示。

社区发展策略

项目的策略——在现实的基础上，如何更加有效地推动社区发展，其中包括用户数、社区氛围、社区文化的构建等方面。

※　社区发展策略及节点：

　　　　社区人数的发展计划；

　　　　互联网上资源的整合；

　　　　线上线下的连通；

　　　　激发与维护计划；

　　　　团队及工作策略。

※　针对社区的不同发展阶段，给出社区运营实施框架及应对策略。

图 3-7　百度英才社区发展策略总结

完成上述所有工作后，百度英才在线社区才正式进入构建阶段。具体构建的方法就不在这里展开介绍了，这属于技术层面的内容，和本书主题无关。

3.7　平台官方账号类社群运营与私域构建

笔者曾多次问过相关企业是如何看待企业官方账号（微信、抖音、小红书、知乎、B 站、微博等）的，回答基本都是广告平台、客户服务平台或者销售平台。在笔者看来，这些回答都有些偏颇。平台上的官方账号，其实是企业在平台上的一种特殊社群，是企业的私域流量池。比如，肯德基除了在各个平台创建官方账号外，还推出了自己的付费社群，并基于官方账号深耕各个平台的账号和自有社群。数据显示，肯德基拥有3.3亿社群用户，社群销售额占整体销售额的62%，数字订单收入占87%。

"十点读书"基于官方账号的社群运营

"十点读书"自媒体涵盖微博、微信、电台、短视频等平台。"十点读书"微信公众号粉丝超过1800万，微博粉丝超过350万，电台粉丝超过100万（至本书完稿时）。

"十点读书"团队积极培养用户的参与感，有了参与感才会让自媒体有机会变现。

1）每天晚上10点推送优秀文章。"十点读书"微信公众号每天晚上10点左右发送8篇优秀文章，在每篇文章的结尾处为用户提供留言、点赞的功能。有些文章还带有语音阅读功能，目的是增强用户体验。

2）推出"读书部落"与"解忧部落"。"读书部落"和"解忧部落"是用户交流互动的平台，用户可以在里面发表自己的感受和分享书籍，这样可以传递参与感。

3）推出"十点电台"。提供有声文章，让用户可以在拥挤的地铁、公交车上或行走在人群中，也能获取好的文章。

读书会是"十点读书"的线下社群，读者除了可在线上的微信群交流外，还可在线下开展活动。读者可以在线下的书店、咖啡厅见面，参加读书会。读书会也会邀请一些作者跟读者见面，大家可以共同探讨某个话题。

"十点读书"重新定义了一个新的产品，并基于这个产品来探索内容付费、教育培训等，日常以内容吸粉、激活粉丝、知识产品销售转化为主要目标，这才是良性的自媒体社群发展之路，否则走不远。

社群要想实现商业化，就要以消费者为中心，思考各种可能的切入点，布局连接客户的路径，创造与客户沟通的可能。**企业不仅需要社群营销，更需要社群运营。**

在微信、抖音、小红书、知乎、B 站、微博等平台上，可以看到许多账号通过构建社群获得商业价值。自媒体网红通过输出内容来沉淀粉丝，通过持续运营来凝聚粉丝，直至可以因此成为垂直领域有影响力的品牌。

企业官方账号通过内容及活动策划，可以将相同或者相近属性的人集中起来，让企业获得丰厚回报。换个角度看，这些官方账号有点像一本垂直领域拥有广大读者群的杂志。

企业或者产品团队如果在自己没有构建社群的情况下想在微信、抖音、小红书、知乎、B 站、微博上搞市场促销、活动策划等，并想更好地影响消费者，那么就需要借助 KOL、KOC 来完成。

"金属加工"基于官方账号实现社群化商业

"金属加工"已经坐稳所属垂直领域第一大号的宝座，具有粉丝质量高、粉丝的行业属性接近的特点。"金属加工"已初步构建了稳定社群商业，通过一定的商业合作和社群电子商务，获得了丰厚的商业回报。

笔者是"金属加工"社群的顾问。《金属加工》是创办于 1950 年的期刊，服务于金属加工垂直领域。刚开始"金属加工"团队运营微信公众号找不到抓手，后来笔者和其团队一起将新 4C 法则导入微信运营流程中，仅通过 10 个月的努力就占据了行业第一的位置。

"金属加工"微信公众号时任负责人王文平是典型的山东人，他认定了笔者的方案后就踏实执行。王文平抓住社群聚集的场景——全国金属加工类的博览会，在现场拿着麦克风喊了 3 天扫描二维码送杂志，以最后嗓子发炎收尾。我们先不考虑他吸引社群粉丝的方法是否可以改进，但是这种精神让笔者深深佩服。王文平跟笔者讲："唐老师，3 天的努力，获得了 3000 个种子用户。"

金属加工公众号界面

事后，笔者给王文平分析这 3 天的商业价值，得出的结论是超过 300 万元。

1）垂直领域每个粉丝的终身价值初步测算是 1000 元，这 1000 元除去广告主投放价值、展会的价值、购买专业机械设备的价值外，还包括粉丝们转发公众号内容的传播价值等。当然不同行业的微信粉丝价值是不同的，快消类会相对低一些。粉丝的价值可以简单测算为 3000×1000=3 000 000 元。

2）3000 个种子用户全部是行业粉丝，更为重要的是他们分布在 960 万平方公里内。这些粉丝因为奠定了良好的社群结构，后续的微信公众号内容可以沿着 3000 人的朋友圈迅速引爆全国垂直领域的社群。这才是关键点，这 3000 个粉丝成为内容传播的通道。

当然，持续不断地提供优秀的内容是必不可少的工作，"金属加工"团队一直以合乎社群成长的节奏开展深耕工作。

在完成初步社群与私域构建后，"金属加工"团队更进一步将用户导入微信群及企业微信中以完成销售转化与情感培养。这也是当下构建社群与私域的标准动作。

"金属加工"这样一个垂直领域的账号在构建社群方面有如下 3 个着力点。

❑ 抓住微信公众号的种子用户，构建合理的粉丝结构。

❑ 通过高质量的内容源源不断地吸引行业粉丝。

❑ 通过众多的活动策划激活社群关系。

中小企业可以应用平台提供的社群管理工具将社群按地理位置、年龄、需求等进行分组，然后进行精准营销，也可以将在不同活动策划时间段吸引来的客户归类为一类，以便有针对性地进行销售转化。图 3-8 所示是个人微信公众平台的后台，其中企业对特定的粉丝进行了分类管理与运营。

图 3-8 个人微信公众平台的后台

3.8　微信群类社群运营与转化

你应该经常会看到如下场景。

❑ 直播带货中，商家会极力推荐观众关注官方账号，加入粉
　丝群。

❑ 淘宝电商、直播电商会在客户买完商品后，邀请其加入微
　信粉丝群领取福利。

❑ 线下零售门店会推出扫码入群领取福利的活动。

❑ 销售员、客户经理等会建立个人客户交流群。

官方账号可以积累粉丝，构建触达客户的通道，但是销售转化
率往往不高。要想实现高销售转化率，需要通过以微信群为代表的
私域类社群来实现，可以说以微信群为代表的社群是构建私域的
标配。

那么是不是有了微信类社群就一定可以带来高销售转化率？当
然不是！微信类社群也需要运营。**许多企业只是简单地把用户拉到
群里，不去经营话题，不去管理，只是不停地发广告，最终要么转
化率上不去（根本没人看），要么粉丝纷纷退群（粉丝不堪其扰）。
这是建立微信群的初心出了问题。**初心决定了后续的种种行为，所
以笔者在做社群运营顾问时，第一步就是和企业沟通以扶正初心。
只有初心是真诚、真心帮助用户，和用户做朋友，才有可能把社群
运营好。

对于微信群的规模，建议控制在 200 人以内。依据邓巴数的规
律，一个群在超过 150 人后就会持续出现分化。群大了后，我们很
难让群友之间的联系、连接保持在高频次，当我们的群友之间的互
动是低频次的，而连接是弱连接时，那么用户选择我们的群进行互
动的可能性就会大幅降低。

3.8.1　运营微信群涉及的 3 个方面

微信群运营的过程就是打磨并构建群友的仪式感、参与感、归属感的过程，只有理解并应用好这 3 个方面，才可能得到成功的微信群。

1. 仪式感

仪式感涉及入群审批机制、群友邀请机制、入群后行为规则、新人红包或者老群友欢迎机制等。如图 3-9 所示，高端市场公关人群的做法为后续的社群商业奠定了基础。

图 3-9　微信群入群公告

2. 参与感

参与感对应的是微信活跃度。你会发现之前加入的微信群 80% 已经死亡或濒临死亡。群死亡的典型特征是，群里每天互动聊天的人只有固定的那几个（往往在 8 个以内），群里只剩下广告或者群主自己的文章，且均没有人参与互动。有一次笔者在清华大学讲课时学员问笔者针对活跃度低的群该怎么办，笔者给出的方法有两个：直接关闭；从群里筛选或者转移部分人，然后还是关闭。

那么，如何增加参与感呢？

1）**有组织地开展讨论或者话题分享**。记住一句话：运营微信群就是运营话题。没有话题的群，就没有存在的价值了。群的运营者需要在话题规划、选择、引导等方面努力，如图 3-10 所示。例如，群运营人员在建群初期（前 30 天）做好话题规划、社群文化构建，初期养成群里成员的习惯，后期就可以让群友自发组织相关活动了。

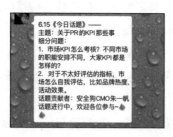

图 3-10　话题分享示例

2）**线上线下结合，让虚拟空间的情感在线下加强**。线下关系的加强也可促进线上互动的参与感。

3. 归属感

归属感是属于高段位的群运营方法，其落脚点是如何构建群友之间的情感连接，激发大家的战斗力。**比如，你可以抓住场景，开展群友募捐、线下公益等活动，但是不可以流于形式，应尽可能调动参与感，将活动做得有味道**。不妨赋予群友一种身份、一种理念、一种价值观、一种使命感，或选择优秀的群对手，通过示弱或协作来保证社群凝聚力。

3.8.2　构建微信群类社群的 12 个关键点

运营微信群类社群非常不容易，耗时、耗力。如果不能掌握关键，常常会颗粒无收甚至带来负面影响。为此笔者整理出构建微信群类社群的 12 个关键点。

1）**群主（召集的人）要有相应的资质或者专业度，尤其是运营专业或者特色的群**（如中医养生、股票投资等）。

2）**成员身份相近或者有相似的爱好。**若群友身份相差较大，大家互相瞧不上，这个群就不会有凝聚力。

3）**在微信群构建后的一个月内，争取策划 6 次线上或者线下活动。**目的是让群成员之间建立起连接，构建起这个社群的网络关系图谱。这是保证社群有高活跃度的基础。

4）**运营社群，就是运营话题。**在社群构建初期要规划不同的话题，最好是每周都能有一两个话题，通过一段时间培养就能确立社群基调与价值。

5）**设置群主或管理员。**笔者参与的一个跑步群定期换群主，群主需要策划相关活动来激发大家跑步的热情，活动不成功就换其他群主，这激发了群成员的参与感，效果非常不错。

6）**分享话题。**可以定期邀请专业人士来做分享，定期把在网上看到的和群主题有关的干货文章发到群里，引导大家观看和讨论。

7）**监测微信群聊天方向和动态，把发广告的请出去或者引导群里的聊天方向。**

8）**留住社群意见领袖及关键人物。**

9）**策划群投票等活动，让大家参与和决定群方向。**这样的互动应尽量简单。

10）**发福利。**可以在群里不定期给用户发福利，如 3 斤猕猴桃、免费电影票等。礼物可以来自其他企业赞助或者自行购买。

11）**设置相关规则并要求全员遵守，避免社群过度商业化或陷入无组织的争端。

12）每个群都有其生命周期，相聚是缘，当失去价值的那天到来时，应该主动解散群，为大家再次相聚留下念想。

社群咨询顾问 Richard Milington 曾受邀拯救一个"奄奄一息"的教师社群。这个社群已经运营近 5 年了，但最近教师的参与度直线下降。通过对这些教师进行调研得到的答案是：太忙了。

Richard Milington 参与进来后，首先就找到了社群的组织者，问他为什么要构建这个社群。他的回答是让教师们更方便交流，他在后期运营的过程中也是把"让社群更易用"作为重点。**让社群更易用并不能让社群与教师之间的相关性更强。**而对于足够重要的事情，人们无论如何都会腾出时间来处理，所以这个社群真正的问题是与教师的日常需求没有相关性。

因为这个社群里的教师说他们被工作压得喘不过气来，根本没有空余时间在社群里交流，所以解决方案就很明显了。此时缺少时间是教师面临的最紧迫的问题，所以应把这个社群变成一个供教师交换节省时间技巧的地方。

团队请来效能专家，让教师追踪统计自己利用每个点子节省了多少时间，并且选出每周最佳省时技巧。社群创建了一个"快速省时技巧"专区，用来展示教师们使用省时技巧的照片和视频。教师的参与度在社群改头换面之后的第一个月里缓慢爬升，在接下来的几个月里迅速飞升。在 6 个月内，社群的参与度超过了历史峰值。

社群激活的关键是确定当下什么与成员有相关性。一旦你搞清楚了这个问题，制定解决方案就变得容易了。一旦你了解了用户日常面临的挑战，那应对挑战就是社群运营的优先动作。

3.9　如何获得一个高活跃度的社群

构建高黏性和高参与度的社群确实不易，如果没有下定的决心、资源支持、合理的社区策略、KPI、优秀的团队等多种因素的共同作用，是不可能实现的。为此你需要做如下事情。

1）**了解目标用户，熟悉信息的集中反馈区，深谙用户交流的热点话题**。梳理信息，确定清晰的社群所属领域。只有社群分享的信息集中到某一个领域，对于用户来说这个社群才会更具吸引力，因为他们不仅可以学到自己感兴趣的知识，还可以找到具有共同爱好的朋友，与他们进行交流。

了解目标用户，也可以帮我们找到让用户经常回社群看看的理由。企业社群如果不能形成持续的访问，就算做得再好，终究也只是昙花一现。比如，Visa 搭建了商务社交网络，目的是让 5 万多个小型企业主互相联系，共同寻找用户，和其他企业交流想法、信息和商机，这些都是用户频繁访问社群的原因。再比如某旅行者社群，在这里用户不仅能结识志趣相投者，还能认识其他购买相同旅行服务的人。用户可以在社群中阅读各自以博文、攻略、图片或视频方式记录的旅行经历，也可以向专家咨询与旅游相关的问题。

2）**让用户自由讲话，在正常状况下，不干预、不删除用户的信息**。企业已经通过电视、广播、报纸、DM、户外等多种形式占领用户的时间，因此不必再用过多的软文、宣传信息来"填埋"网络社群，而应基于社群为用户打造一个和谐的生态环境。

一个成功的社群能让用户持续互动，并从中找到可以相互信赖的伙伴。信任者与被信任者针对彼此感兴趣的重要信息和看法频繁地进行沟通与互动，从而进一步加深信任关系。形成企业与用户或用户与用户的信任关系，对社群来说非常重要。

❑ 用户对组织 / 企业的信任有利于信息的交流，用户对供应商的信任可以让用户愿意和供应商分享个人信息。

❑ 增强社群的参与度，可通过从共同选择、顺从到协作，再到共同学习、集体行动这一完整过程实现，而实现这个过程的基础就是社群信任关系。

社群运营方如何培养社群的信任关系？**坚持正确的导向，争取不偏不倚。**

3）**企业要成为社群的引领者。**可以通过产品优惠、信息公布、资源共享等手段聚集人气，协调社群中方方面面的关系，适度表彰意见领袖和社群活跃分子。例如，可以在社群中设置针对评论的打分机制，从而刺激用户参与，如图 3-11 所示。

图 3-11　评论打分机制

为了使社群成员确信他们的存在是有意义的，他们的行动是有价值的，企业需要定期对外彰显社群的力量，并让社群成员明显感知到。那么，社群的力量从何而来？来自个体与集体的共同努力。一旦个体加入社群并认同自己为社群一员，看到自己的行动可以为集体行动赋能，他就有荣誉感，然后会强化自己的社群共识，社群的力量就会不断增强。

4）**企业进行社群运营时要足够真诚。**企业在社群中需要谨慎使用官方或品牌身份，而是把自己当作社群中的一员，真诚对待每一个群友，不能有高高在上的态度。当必须以品牌身份发言时，切记不能太做作、太正式。企业应结合自身品牌的特色定位，以适度口语化、人性化的语言参与到社群活动中。

5）**抓住社群的忠实粉丝。**必须找到社群的忠实粉丝，品牌社群能不能做成功，关键是看有没有用好这些忠实粉丝。我们需要抓住他们，刺激他们，奖励他们，让他们成为社群最强有力的拥护者。另外，我们需要把社群中的意见领袖发展为忠实粉丝。人们只要聚集在一起，无论是线上的社群还是线下的团体，都会本能地让自己处于领袖的带领之下。就社群而言，意见领袖的作用相当重要，他们的意见往往影响群体意见。对于社群中的大部分人员而言，没了意见领袖就不知所措了。

6）**冷启阶段不仅要有完善的规划，还要有足够的投入。**刚刚启动品牌社群时，什么都是空的，没人，没内容。团队必须制定一个完善的运营计划，比如开展 SEO、搜索引擎引导、活动策划、官网的流量导入等。

挖财业务聚焦在理财垂直领域，有别于同类型企业，其竞争优势是有一个鲜活的理财社区。在这里企业不仅可以聆听用户的声音，进行有效促销，还可以拉近与用户的情感，构建信任。刚开始，挖财社区上没有帖子和内容，于是团队积极全网搜罗优秀的内容，进行编辑分类。团队在没有社区用户时积极模仿用户提问，控制话题走向。团队坚信一句话：运营社群就是运营话题。通过持续完善内容和机制，社区最终实现了自动运营。

挖财社区界面

戴尔在构建论坛的初期，通过一个 30 人的"社群和对话团队"来专门打理论坛，并为网友提供帮助。经过 2 年的养成期，最终戴尔在论坛方面的运营人员减至 5 个。百思买也曾动用几百名雇员组成 Twelpforce（Twitter help force），专门来及时回答用户的问题，回复建议，向粉丝发布促销信息，最终通过合理规划，实现了大幅缩减雇员数量的目标。

7）**设立一套激励机制，让参与者感觉有趣**。让参与者有荣誉感很重要，不要简简单单地弄一个积分制度，需要基于积分制度进行符合自己社群人员属性的变通，比如构建等级排名制度。社群的激励制度是构建品牌社群的关键点。激励机制要能触及粉丝的兴奋点，既让粉丝不那么容易达到目标，又让他们不失去兴趣，只有这样才能算是一个精妙的系统，比如构建一套排名机制。注意，简单拷贝其他论坛的激励机制是非常不理智的行为。

8）积极聆听负面评价。沟通是满足用户期望的一种重要手段，而沟通一个很重要的方面是，让用户有机会把正面和负面的评价都告诉你。在品牌社群中，我们要时刻关注用户的评价，积极应对负面的评价以获得用户的谅解和社群用户的支持。如果一个社群中的内容全是歌功颂德，那么可以肯定，这样的生态系统是不真实的。

我们发现，80%～90% 的用户在遇到不尽如人意的体验时，不会向产品或服务提供商透露，包括在线客服、线下销售员、售后服务人员等，但是他们愿意在社群中说出来。所以，你不仅需要鼓励用户把自己遇到的问题说出来，还需要对所有员工进行培训，并要求全员以普通粉丝的身份参与到社群中收集或解决用户的问题，并时刻抱有"面向用户，服务用户"的想法。另外，你还需要对提供有价值反馈的用户、员工提供物质和精神奖励。

当然，企业官方也不是什么都不做，企业应该以品牌方的身份采取如下行动，以和社群形成互补关系。

- ❑ 提供多种方便联系的渠道：QQ、微信、电话、手机等。
- ❑ 在公司网站上提供信息反馈表。
- ❑ 经常进行用户和员工调查、访谈。
- ❑ 定期进行流程（购买、售后、客服等）评估、监督工作。
- ❑ 定期通过电话、邮件、微信等渠道询问用户对企业所提供服务的评价。

小米激活社群的实践

在新营销领域，小米团队更关注社群。小米第一个成熟产品是手机的操作系统——MIUI。小米选择运营的第一个社群产品不是微博，而是论坛。为什么？因为它跟小米的产品特征息息相关。MIUI 是一个很重的产品，它需要刷机、需要解锁 ROM 权限，存在着不小的门槛。其中很多知识很难通过微博完整地传播、沉淀，所以小米最初的 50 万名核心用户是在论坛传播中获取的。

小米对不同互联网社群渠道保持着鲜明的功能化分工——微博拉新，论坛沉淀，微信客服。微博具有强传播性，适合在大范围人群中做快速信息传播，获取新的用户；论坛适合沉淀，适合持续进行维护式内容运营，保持已有用户的活跃度；对于微信，小米则把它当作一个超级客服平台。

小米的论坛注册用户已经接近 1000 万，高峰时每天有 100 万用户在里面讨论。100 万日活用户对很多垂直网站而言都是非常惊人的数字。要知道，小米论坛不是媒体，而是自有品牌的产品论坛。

用户社群的参与感通过什么形式产生？小米的方法主要有两种——话题和活动。话题营销和活动营销本身并不是新东西，很多企业都尝试过借此跟用户互动，但参与感是不是就只是互动呢？小米团队曾策划"150 克青春"，这个话题来源于小米发布的一款名为小米手机青春版的产品，该产品在微博上做了线上首发，因为那个时候小米手机的重量是 150 克。

小米公司的 7 位合伙人，还借此默默地向《那些年，我们一起追的女孩》致敬了一把。他们制作了一张应景的海报，后来还到一所大学的宿舍里面拍了一个恶搞的视频，对于每一个上过大学和正在上大学的年轻人来讲，那种亲切感非常强烈。在小米手机青春版发布会当天，创下了微博当年最高的转发数，有 200 多万转发、100 多万的评论。

小米在微博上做的第一个活动是"我是手机控"。那个活动在很短的时间内就有 100 万用户参与了，且没花一分钱。这个活动的本质是什么呢？调动社群来炫耀玩过的手机，以及检视自己的成长经历。大家会看到，很多在网上做得很好的互动活动大致都是如此。比如百度魔图这款产品，它能告诉用户自拍照跟哪个明星最像，让用户把自己的脸和明星放在一起，参与感非常强，满足了用户的炫耀需求和存在感。小米社群的"智勇大冲关"活动有 100 万人参与了，它的活动形式是大家比拼谁更了解小米手机的一些参数，优胜者可以获得小米社群的勋章、积分等奖励。在论坛中，用户最在乎的是荣誉和成就。

小米在内部真正完整地建立了一套依靠社群的反馈来改进产品的系统。这套系统对迭代开发的支持，很大程度上已无须小米主动引导。很多核心用户能够很清楚地知道手机的电话功能是哪位工程师做的，短信功能是谁做的，原来做得好的时候说他真牛，做得不好的时候就会让其离开。在这一切发生之前，很多人可能很难想象用户参与 MIUI 开发工作会到这种程度。在强烈的社群参与感驱动下，用户参与论坛讨论、投票、转发，已经成为自然而然的选择。

小米官方论坛"小米社群"的"爆米花"活动也是经典案例。每年小米都会在各个城市举办十几二十场"爆米花"活动，这是一个邀请米粉来参加的同城会活动，跟各类车友会颇为相像。参加同城会活动的米粉，同样买了小米手机，同样在用小米手机，他们一起相互交流，一起去玩，一起去做公益活动。这个活动设计起来很简单，就是和用户一起做游戏，小米基本不宣讲产品。小米团队没有举办"爆米花"活动的时候，或者没有举办"爆米花"活动的城市，当地米粉会自发地组织各种形式的同城聚会。全国各地加起来，每年有三四百场小米的同城聚会。社群用户通过互联网及线下的机会深深地感受到小米和他们的距离，小米和他们不是简单的卖和买的关系，每一个社群用户都能够深深地参与到小米这个品牌所代表的生活当中。

3.10 低频产品的社群如何做

依据用户和企业互动的频次，可以将产品分为高频和低频两种。

❑ **高频产品**：用户获得产品或者服务时，往往意味着企业和用户互动、连接的开始。

❑ **低频产品**：用户在获得产品或者服务后，意味着企业与用户的关系即将走向无感。

海尔集团邀请笔者作为其社群战略顾问。笔者和海尔冰箱、厨卫、洗衣机等产品线高管商讨社群战略时，一直绕不开的话题是：我们产品的属性是低频，如何构建社群战略？

张瑞敏先生积极引导海尔社群战略，为此整个集团非常重视社群，全方位融入社群商业。其中典型案例是雷神笔记本的研发、营销过程中对社群战略的应用。

雷神在研发、生产、营销、用户交互方面已经搭建了良性循环的完整生态圈。雷神团队首先找到用户痛点，然后对这些痛点进行归类整理，同时寻找上游资源，最后以此为基础进行软硬件产品创意、工程样机软件版本测试等工作。在第一轮公测中，广泛收集用户反馈，然后对软硬件进行优化，最后开始进行互联网平台预售，通过服务收集下一次产品的反馈，形成交互平台社群战略的闭环。

在开发第一代产品时，雷神的团队在京东平台上搜集了3万条有关笔记本电脑的中差评，并把这3万条中差评归结为13类，包括屏幕上有亮点、分辨率低等，随后基于这些痛点开始产品设计。雷神出的每一代产品都不是研发人员或者负责产品的人拍脑袋想出来的，而是回归到社群需求。用户需要什么，雷神就想办法去做什么。

在产品研发阶段，雷神团队通过社交平台和社群与用户进行沟通和交流。可以说，雷神团队设计产品的关键点就在于重视用户的体验，并以拥抱互联网的开放态度打磨硬件，同时通过完善的粉丝交互平台，积极吸纳粉丝意见，让玩家、发烧友深度参与到产品的开发迭代中。

雷神笔记本电脑在研发、营销等过程中深入使用社群战略，通过聆听社群的声音洞察产品研发重点，挖掘产品痛点，通过社群平台引爆产品，并因此获得了丰厚的商业回报。

看到集团有明星级社群案例，海尔的同事们在战略研讨会上提出一个刁钻的问题：类似油烟机、热水器、洗衣机、空调等低频的产品如何玩转社群？

高频产品做社群，我们可以邀请明星用户参与到产品的研发中，将用户拉到微信群、QQ 群里，在线上线下（O2O）开展粉丝活动，时不时地与客户发生互动……

低频产品做社群，刚开始，许多小伙伴也模仿高频产品的思路，将用户拉到微信群、QQ 群，构建 BBS、进行话题引导、开展线上线下活动等，但是社群的运营结果非常差。究其原因，社群运营团队犯了一个大错误，就是自以为是、一厢情愿。

笔者经常试探性地问低频产品团队：将心比心，你会不会加入一家卖床企业的微信群，时不时聊聊床的质量？一厢情愿的蛮干行为，从一开始就注定是悲剧。更有甚者拿出预算来勾引或者引诱用户沉淀在这类互联网社群中，其结果是等到钱烧完后，游戏也就结束了。

低频产品的社群商业如何玩？笔者的建议是：不必抓住每个用户，强迫他们高频次讨论。企业不妨改为抓住社群的场景，如维修、售后、服务、更新等方面。这些场景不是卡位某一个用户，而是卡位社群的批量需求。低频产品类企业社群战略思考的角度是，在用户有需要的时候，通过社群提供服务。

戴尔之前隔三岔五就会将资料投递给消费者，以求抓住消费者有意购买电脑的多个时刻。现在戴尔已经改变了思路，以消费者为中心的商业模式不再局限于购买的流程上，而是将其发扬光大。例如戴尔的头脑风暴（Idea storm）社区，消费者在这个地方给戴尔出点子来帮助完善整个商业模式，社区中已经有8000多个点子、50多万条回复。如果你需要技术支持，戴尔的技术支持论坛上有100多万个相关的帖子，还可以和成千上万的用户在线上进行交流。

例如，用户问："安装系统出现302错误，如何是好？"这个时候在线的其他用户会帮助解决，当然，提问的用户也可通过检索论坛之前的帖子来获得帮助。每一次用户的回复，其实都为戴尔省去10美元左右的客户服务费。据统计，这样下来一年有30 000个左右的问题会得到解决，无形中戴尔节省了300 000美元，也就相当于获得了300 000美元利润。这种商业模式的发动机一直在转动，企业只需花费很少的维护成本，这是一个很棒的买卖。

社群中什么样的人都会出现，他们不比我们的客户服务人员工作时间短。例如在戴尔的网上社区中有一个名为杰夫的用户，他从注册论坛以来，在线时间超过473 000分钟，发表帖子近2万个，这些帖子被浏览次数超过200万。试问：戴尔的一个客户服务人员的工作量是怎么样的？这么可爱的用户，你准备发多少钱给他？答案是0元。

低频社群的商业模式，可以从利用网民的认知盈余开始。我们需要做的仅是推动整个风潮，也就是了解社群，抓住低频的场景，构建合理的刺激机制。对于杰夫这样的忠实粉丝，更看重的是精神奖励，包括利他主义的感受、自我肯定、社会归属感。只要能把这些人调动起来，就能成功构建低频社群。

3.11 本章总结与实践题

在引爆社群的新4C法则中，社群与其他3C的关系如下。

- ❑ 选择场景的标准是围绕群友的生活或者社群商业目标展开。
- ❑ 内容的构建目标对社群有很大影响。
- ❑ 与社群发生连接及信息在社群关系链条中的传播都离不开社群文化、社群结构。

站在社群体系化层面对目标客户进行群体划分，企业应该理解社群文化，熟悉社群组织结构，再通过内容的有效传播，连接用户并引爆社群。

实践题

- ❑ 罗列目标客户在互联网上的活动平台和聚集区（微信、抖音、小红书、知乎、B 站、微博等）。
- ❑ 结合社群分类的思路，对你的客户进行群体划分，并列出不同群体的共同点、差异点，给出针对性沟通解决方案。
- ❑ 寻找社群中的意见领袖，制定与其相关的体系规划。
- ❑ 寻找一个微信群、QQ 群或者论坛，解构社群中的角色、结构，并尝试思考如何提高社群活跃度和用户黏性。
- ❑ 在高频产品中，罗列在社群运营或私域营销方面做得最好的 5 家企业。
- ❑ 在低频产品中，罗列在社群运营或私域营销方面做得最好的 5 家企业。
- ❑ 分析你自己加入微信群的理由，找出那些运营得不错的社群，然后分析其成功的原因。

4

有传播力的内容

现在人们不喜欢广告，其实并不是广告本身的问题，而是部分广告作品过度使用华而不实的文案。与其将心思花在炮制巧妙的句子上，不如努力写出有销售力的内容。

——罗伯特·布莱

4.1　让内容去找客户，而不是让人去找客户

让内容去找客户，不是让人去找客户。这句话是笔者对内容营销核心的总结，读懂了这句话也就理解了内容营销的意义与价值。

4.1.1　企业为什么需要内容营销

让内容沿着目标客群的连接去寻找客户，进而影响客户，获取

商业价值。人只会打开与自己相关的内容，这是内容营销的隐性支撑。如果你想让内容去找目标客户，关键是要做出与目标客群高相关的内容。

通过相关的内容寻找与影响客户，需要将内容传播出去，内容主要有三条传播路径：**广告与媒介投放，社交媒体与自传播，智能算法推荐。**

1900 年，米其林公司推出《米其林指南》，该指南共 400 页，封面颜色为其标志性的红色，初版免费发行了 35 000 册。该指南的本意是协助驾驶员正确保养车辆以及寻找舒适住所。经过多年的发展，现在《米其林指南》成为美食点评领域的瑰宝。这个案例非常好地诠释了内容及其营销价值的演变。

用户可以随意提供碎片化的内容，但是作为企业，则需要花时间用心来制作有价值的内容。例如，如果一个网站拥有优秀的内容，那么用户迟早有一天会来到这里，并最终停留下来；反之，如果网站上的内容很糟糕，甚至内容都是通过简单拼凑得到的，那么用户就算来到这里也会马上离开。因此，优秀的内容值得我们花时间去制作。例如，译言提供优秀的翻译文章，可以满足许多英语不好的用户对获取国外资讯的需求，因此得到很多用户认可。

波士顿咨询公司的网站将洞察类与思想领导力类的内容放在首页的中心位置，而不像其他网站那样，将最新的观点放在最醒目的位置。团队围绕大数据对企业发展的影响、零售业的数字化转型等话题，提供了深刻的见解，努力从全球合作伙伴的关系中挖掘出有高价值的主题和观点，这些内容通过社交媒体平台被分发与放大，吸引了能够与企业家进行对话的高质量受众。

波士顿咨询公司网站

在这个内容爆炸的时代，常规性内容越来越难以引起消费者的关注。**内容的精准性与消费者的相关度决定了内容能否引起用户的关注并与之产生互动**。这就促使内容营销从内容数量提升到内容质量的新高度。

搜索引擎提高了好内容的权重。这也从侧面说明搜索引擎越来越重视内容的质量，未来互联网上的生意，如果没有成熟的内容营销策略，就无法获得搜索引擎的青睐，也就很难获得商机。

内容营销是一把利器，越磨越锋利。企业需要在内容上做好长期投入的准备，夯实互联网传播内容的基本功，也只有这样，才能通过互联网来影响用户的购买、消费行为。

4.1.2　片面追求点击量，忘记商业目的不可取

笔者在做咨询的过程中发现这样一个误区：企业提供或制造非

常流行的内容，以为这样的内容可以传播得足够广，然后内容营销的目的就达到了。

内容流行并不意味着有效，内容营销的目的是解决企业的商业问题，而不是曝光量与自嗨。所以内容营销是否成功归根结底还是要看内容能不能支撑企业的商业目的和商业战略，内容做得好可以摆脱传统广告"兜售""推销"的形象，更容易被消费者接受，也因此逐渐得到更多营销人员的青睐。

内容营销给了品牌一个与消费者、粉丝对话的机会。Clickz 的一份调查报告显示，24% 的受访者认为，内容营销是他们所在公司创新营销方面最大的趋势。Sticky Content 的一项调查与之不谋而合，30% 的受访人表示，公司将内容视作商业的关键，公司内有全职人员负责内容规划、创作、传播以及管理。

在给某银行总行培训时，笔者对其市场部提出了批评。笔者问市场人员："你们支行的宣传彩页是写给谁看的？客户能看懂吗？"他们思考了一会儿后告诉笔者："线下支行的宣传彩页是写给专业人士看的，银保监会也会看。"虽然金融宣传需要规范，但是规范并不是让你写八股文来介绍金融产品，而是从内容传播的效果上下手，在合规的情况下，尽量让更多的用户能够明白，否则不如不做。每次去银行，笔者都会找宣传彩页看，到目前为止还没有遇到过能够让笔者看明白或者激发笔者行动的宣传彩页。

南方黑芝麻糊一直坚持用一个 TVC（商业电视广告）内容："'黑芝麻糊哎——'小时候，一听见芝麻糊的叫卖声，我就再也坐不住了。那亲切而悠长的吆喝，那夕阳下摇曳的芝麻糊担子。忘不掉，那一股幽幽的芝麻糊香！抹不去，那一缕温暖的儿时回忆！"

南方黑芝麻糊广告截图

一股浓香，一缕温暖，用朴实的语言将产品卖点刻到用户心中。内容与产品完美融合，加上怀旧的情感，通过持久的投放和市场策略，南方黑芝麻糊多年稳稳占据品类第一。

4.2 从图片、音视频、VR/AR 到 UGC、PGC、AIGC 看内容

在 Web 1.0 时代，新浪、网易、搜狐、腾讯为四大门户，它们的核心就是将散落在互联网上的内容通过超链接进行集中呈现；百度做的是获取和检索互联网信息；阿里巴巴（全球、中国供应商）网站做的是展示企业黄页；当年流行的天涯、新浪博客，挖掘出了那些文字功底不错的写手。由此可以看出，以前你要"混迹"互联网并传播思想，文字功底是基本功。

互联网正在走入图片、音视频、VR/AR 时代，这个时代在游戏规则、玩法、参与者的技能方面都将有颠覆性的变化。

图片、音视频、VR/AR 的处理技能，以及对以 ChatGPT 为代表的 AIGC 工具的使用技巧，将成为企业和个人标配！内容正进

入下一站, 企业和个人都需要加强学习图片、音视频、VR/AR 的处理技术和 AIGC 使用技巧。全球新闻传播界正在掀起学习视觉传播技术、关注视觉新闻表达的热潮。视觉新闻是指运用形象化的手法来表现事物、取得视觉效果的新闻。它的立足点是先具有消息的特征, 再运用特写的表现手法, 最终实现强现场感, 使读者如临其境、如见其人、如闻其声, 避免枯燥和概念化。企业越来越重视图片、音视频、VR/AR 在数字化传播中的应用, 纷纷设立图片、音视频、VR/AR 处理的独立岗位以应对这个时代的挑战。

消费者深爱视频传播形式, 更多企业已经从视频营销中获益。研究报告显示, 近 70% 的消费者更喜欢 60 秒以下的视频。33% 的观众将在 30 秒后停止观看视频, 45% 的观众会在 1 分钟后停止观看视频, 60% 的观众会在 2 分钟后停止观看视频。65% 的观众会尽快跳过在线视频广告。2 分钟以下的视频, 浏览互动率最高。**最有效的视频营销类型是: 客户推荐视频 (有效率 51%)、教程视频 (有效率 50%) 和演示视频 (有效率 49%)。**

抖音、喜马拉雅、小宇宙等工具助推自媒体发展。大众媒体是工业时代的一个缩影。当年大众媒体流行的基础是大工业化企业的数量众多, 以及对应的工作效率、速度不高。随着碎片化时代的来临, 阅读和传播也呈现明显的碎片化特点, 批量的印刷媒体在主流市场的占比正逐步减少, 取而代之的是垂直化、小批量的信息传播。在这样的背景下, 自媒体的玩法正在逐步崛起。第一波自媒体玩家玩的是文字, 未来自媒体进化的方向是图片、音视频、VR/AR。文字自媒体的玩家必将受到冲击, 因为观众获取信息的方式变了。如果我们不去改变, 未来就会淘汰我们。

从生产方式角度看, 内容可以分为 UGC、PGC、AIGC 等。

UGC (User-Generated Content, 用户生产内容) 又称 UCC (User-

Created Content），例如抖音、微信、微博、Meta、Twitter、Instagram 等平台上都有大量用户生产的内容。UGC 的典型特征是：**碎片化、零碎化；随性，自由度过大，缺少系统性、连贯性，形式杂乱；专业性不足。**

豆瓣 UGC 及内容机制

豆瓣早期的定位十分明确：打造以书籍、音乐、电影为纽带的年轻人聚居地。豆瓣早期的种子用户大多也都是为此而来，因此用户本身就具有非常大的共性。豆瓣的产品架构就是为打造"同类圈子"而生的。

豆瓣通过 UGC、小组功能、tag、豆邮以及算法来为用户精准推送其感兴趣的内容和圈子。通过层层筛选和过滤功能，用户在豆瓣上非常容易找到与自己兴趣和爱好都相似的社群和内容源头，这也使得豆瓣社群从形成之初就"简单纯粹"：无关名利，只是纯粹因为兴趣和爱好。豆瓣自始至终贯彻的去中心化是培养优质内容的土壤。豆瓣倡导的是找到与自己志趣相投的人（话题及内容），更加突出用户的地位，注重用户个人的体验以及用户与用户之间的互动。豆瓣为用户创造了一个具有极致属性的纯粹之地，这也是早期豆瓣用户不断产出优质内容的重要动力。

豆瓣的内容展现机制充分基于用户与其所感兴趣的内容之间的联系，用户通过内容所具有的标签、其他用户对这一内容的评论等来判断是不是想要的内容，这与豆瓣"一切以兴趣为基础"的原则十分契合。豆瓣良好的内容生产和传播机制促进了长尾内容的聚集与分发，迎合了"个性化"的内容需求。

用户通过互联网来表达自己的认知，并不仅是为了真正的专业分享，更多是一种态度和记录。**UGC 和 PGC 的区别更多体现在分享者在所属领域是否具有一定的专业知识、背景和资历方面。**

PGC（Professionally-Generated Content，专业生产内容）是指由专业的内容生产者和提供者输出的内容。在 PGC 中，创作主体往往是专业人士，他们创作的内容相对 UGC 更加专业、精准、高质量，但是生产效率和产量受到了限制。

专业内容超越红海竞争

了解医药产业的人都知道，制药公司近年面临的挑战是：虽然医药销售人员的数量很多，但是最终真正能和医生见面深聊并影响医生开药决策的人少之又少。在如此激烈的竞争下，医药企业希望能够突破这个障碍，让自己成为医生青睐的制药商。然而，第三方数据显示，在医生眼中，不同的药商之间几乎没有什么区别。

为了克服这个困难，创新制药希望其销售人员能为医生提供一些新的信息。这些信息并不是关于自己公司产品的，而是如何才能提高医生对病人的治疗效果。由于该公司在病人治疗方面拥有丰富的经验，公司的市场部专门准备了一个关于病人看病过程的信息包，这个信息包中包含可能出现的各种问题，以及病人出现的症状、接受的治疗、之后的一系列复查过程等。销售人员可以将该信息包作为介绍材料。

信息包对于医生来说具有重要价值。比如，患有某种疾病的人平均每年发病 2.5 次，并且每次发病的情况都非常严重。然而这些患者的医生并不知道在前后两次定期检查之间，病人仍有发病的可能。因此他们低估了病人的病情，相应的治疗措施也不到位。在了解了这些信息之后，医生就可以对患者加强治疗以降低发病率，这一举措大大提高了医生对病人的治疗效果。

医生认为药商所提供的信息很有价值，自然也就对其药品另眼相看。

AIGC（AI Generated Content，人工智能生成内容），又称生成

式 AI。AI 文本续写、文字转图像、AI 主持人等，都属于 AIGC 的应用范畴。AI 生成的内容正变得越来越普遍和具有潜力。从新闻稿到产品描述，从聊天机器人到创意写作，AI 算法正在以前所未有的规模和速度创造书面内容。图 4-1 就是用 Midjourney 自动生成的照片，现在许多游戏公司都在压缩设计师的编制，只不过压缩的程度不同。

图 4-1　Midjourney 生成的图片

　　AIGC 的显著优点是超快的速度和巨大的规模。AI 算法可以在几秒内处理大量数据，从而使我们可以在短时间内创造大量内容。这在需要频繁更新或具有高质量内容需求的新营销中是特别有用的。

　　AIGC 可以帮助我们提高书面内容的质量。通过分析语言模式和识别常见错误，AI 算法可以确保内容在语法上正确、事实准确，并在风格和语气上一致。

　　总体而言，UGC 是用户自行表达的、各自小世界里的碎片内容，不关乎价值，更在意心情、情感。从大的范畴来说，PGC 是

UGC 的一部分，只是 PGC 的内容更具专业价值。AIGC 则是数字智能时代在内容生产及应用层面的创新，虽然现在仍有不成熟的地方，但确实是未来大势。

4.3 不仅要生产内容，更要规划内容

互联网成为企业和品牌展示其专业知识和思想的工具，企业通过互联网可减少与客户的摩擦和信息的不对称。内容营销可通过分享、协同、给予客户答案的方式来向消费者传递信息，而传统的营销更多是打断用户思考、视觉、听觉来硬性传递产品信息。

广告是奢侈品，内容却是必需品。企业创建内容的核心是将浏览者转变为购买者，让购买者成为回头客或企业狂热的追随者及倡导者。企业通过互联网上内容及信息的传递加深与客户的联系。企业通过持续不断地创造消费者关注的内容，激励消费者和企业进行互动，最终获得商业价值。

内容在商业中的价值体现在如下几个方面。

❑ 提高被搜索引擎收录的信息数量。

❑ 增加被搜索引擎搜索到的概率。

❑ 带来或增加有效流量。

❑ 减少购买阻力，帮助消费者进行购买决策。

❑ 树立企业在行业内的江湖地位及威望。

❑ 将企业、品牌、消费者的故事讲给大家听。

❑ 通过特定的内容形成稳定的粉丝群，构建网络社群。

❑ 形成新的产品销售渠道。

相对其他营销方式来说，内容营销是效果持续时间较长的推广方式。企业投在内容营销上的每一分钱所产生的效果都会在较长的一段时间内发挥作用。

4.3.1　内容规划与角度选择

简单拼凑不会生成独特的内容，在网上随手可得的东西不用也
罢。为了能够真正在网上塑造与众不同的企业形象，企业提供的内
容必须真实且明确体现你的思考。内容的表达语气、主题都必须有
企业独有的特色。

官方账号（微信、抖音、小红书、B 站等）上的内容运营方式
及内容结构比例所体现的就是企业对粉丝的态度。常见的错误做法
是，企业官方账号上全是公司信息与广告，这些内容对用户而言毫
无价值，因为吸引不到用户，所以对企业而言也毫无价值。

那么是不是官方账号就真的不可以发广告？企业运营官方账号
的目的就是变现，所以广告肯定是要发的，但是要适度。图 4-2 所
示是笔者服务过的一家企业在内容结构方面做的规划：40% 为专
业内容分享，让粉丝受益；广告及新闻信息压缩到 10%。内容规
划的合理性需要依据行业特性、粉丝的口味等因素进行综合考虑。

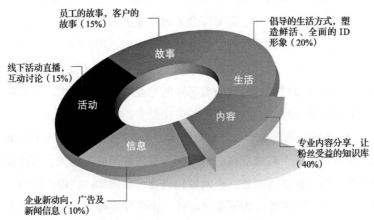

图 4-2　某企业官方账号内容结构示意

企业传播内容可以分为如下 5 种。

1）**热点性内容**。热点性内容即某段时间内信息检索指数提高

迅速、人气关注度不断攀升的内容。合理利用热门事件能够迅速传递企业的内容。对于热门事件，营销者可以借助平台通过数据分析（百度指数、平台排行榜）得到。但要注意，不是所有的热点性内容都可借用，要寻找符合企业自身属性的主题。

2）**即时性内容**。即时性内容是指充分展现当下所发生的物和事的内容。即时性内容要做到及时有效，需要在第一时间完成内容创作。就短视频推荐而言，即时性的内容也会优先获得流量与平台支持。

3）**持续性内容**。持续性内容是指质量不随时间变化而变化，无论在哪个时间段，都保持稳定风格的内容。持续性内容作为内容策略中的中流砥柱，必须引起企业的高度重视。持续性内容就如一本杂志，格调和高度每期都应该是可预期的。持续性内容的保证机制是：一个稳定的内容团队和一套稳定的内容筛选机制。

4）**方案性内容**。方案性内容是指具有指导性的行业优质内容及解决方案，例如行业发展白皮书、成功客户案例、研究报告等。想写出好的方案性内容，需要综合考虑企业的定位、商业目标、主题、预期效果等。方案性内容的含金量非常高，用户能够从中学习经验，充实自我，提升自身的综合竞争力。缺点是方案性内容的写作需要花费大量时间，需要经验丰富的专业人士进行把握。互联网上的方案性内容较少，因此获得的关注更多。

图 4-3 所示的这份解决方案被阅读了 185 273 次，下载了 62 408次，所有阅读或下载这份内容的人都与智慧城市业务相关，因此获得的参加招投标或者商务往来的转化机会可想而知。这份内容创作出来后，后期的传播过程不需要花钱，企业仅需要将它分享到百度文库等平台上即可。

5）**促销性内容**。促销性内容是指在特定时间内进行促销活动产生的营销内容。促销性内容主要是根据人们的需求而制定的方案性内容，在这类内容中能够充分表达优惠活动信息，并最终利用用户希望获得更多优惠的心理完成促销活动。促销性内容往往可迅速获得销售业绩，拓展市场份额。

图 4-3　方案性内容示例

富国银行的内容实践

美国富国银行（Wells Fargo）派出内容策划人员参与所有的网站及营销推广项目。内容策略团队要开展的工作之一就是推动"内容传播计划"落地。富国银行用清晰简洁的设计传达了三项内容营销的宗旨：

- ❑ 帮助我们的客户迈向成功。
- ❑ 协助我们的团队茁壮成长。
- ❑ 每一天都实现个人价值。

整个 Wells Fargo Stories 网站设计精美，远远超越了富国银行的官方新闻博客（持续更新公司商业新闻的博客集锦），如图 4-4 所示。在 Wells Fargo Stories 中，富国银行报道了一系列客户的成功故事，例如，他们与 Urban Outfitters（美国品牌）公司的合作。

127

图 4-4　Wells Fargo Stories 网站

在内容方面，富国银行的一切核心在于两种类型的内容：一种是有用的内容，即对利益相关者有帮助的信息（如退休指南）；另一种是品牌内容，这类内容阐述公司的特点（如公司员工志愿者服务）。当需要选择金融合作伙伴时，这些内容会帮助客户和投资者回答这样一个问题："为什么选择富国银行？"

富国银行的网站将商业和服务置于首要的地位，但是出色的故事却是客户选择品牌的有力依据。

富国银行通过提供对客户有价值的内容来获得用户认可。我们看到，真心为客户着想，不是一味地堆砌产品内容，往往达到的效果会很好。进行互联网内容传播时，不妨放弃一味传播广告内容的思路，转而思考如何做对客户有价值的信息。

4.3.2　高质量内容的 6 个生产步骤

笔者认为，要得到高质量内容，必须遵循如下生产步骤。

1）**深刻理解目标用户**。在理解目标用户方面，不建议采取

"人口统计"的方式，内容策略应建立在坚实的用户洞察的基础上。只有深刻明白目标用户的需求，接下来的内容策略才有价值。

2）**评估需求**。评估需求的核心是找出用户在乎什么，需要什么。用户往往在意的是解决方案和案例。

《英雄联盟》游戏推广团队为了拓展玩家数量，让新手更容易上手，积极编辑发布了《新手视频教程》。这个教程的目的是让从来没有接触过《英雄联盟》的玩家在非常短的时间内熟悉游戏，并激发对游戏的兴趣。《新手视频教程》目标清晰，就是帮助刚刚进入游戏的"菜鸟"，让他们能够先熟悉游戏规则和游戏模式，给他们提供成长支持，使其更好地适应游戏的节奏。该视频一经发布，即赢得了众多新手的盛赞，带来了一大批玩家。

3）**确定商业目的**。拥有明确的商业目的是一切策略的前提。在制定内容策略时，应兼顾用户需求和商业目的。**例如在创业初期，企业缺乏知名度、信任度，内容的商业目的可以直接定义为提升知名度、信任度。如果品牌已呈老龄化，内容商业目的则可定为提高互动，此时你需要思考内容如何和用户有情感共鸣，如何获得积极互动。**

《肿瘤领域制药企业数字化营销洞察报告》指出：目前在外企的肿瘤数字化营销中，辉瑞的"S.A.F.E 患者安新服务"是一个标杆案例。辉瑞携手各方升级乳腺癌患者全程关爱服务。患者一键扫码即可获得专业患教直播、线上购药地图、便民找药（云药房）等服务，通过线上的多维度服务，满足肿瘤患者疫情期间希望获得医疗信息的需求。国内企业恒瑞则认为，医学事务成功转型在于利用数字化解决医生核心诉求，以顺应医患一体化的新趋势。为此，恒瑞和丁香园合作打造医学事务综合运营平台"医路恒睿"。该平台可提供一站式医学服务端口，通过线上线下的整合运营，传播医学信息。

4）**创造并编辑内容**（原创内容、伪原创内容）。在确定了目标用户、需求和商业目的后，就需要创造特定的内容来支撑商业诉求了。

5）**针对平台发布内容。不同的传播平台和渠道，适合的内容形式和类型也有所不同。**例如，抖音上的内容的典型风格是娱乐、音乐短视频；小红书的内容以探店、客户评论、图片分享为主；微信公众号的内容可以深入一些。

6）**衡量、分析和评估效果。**依靠数据洞察，可以评估你的内容是否成功实现了你的目标。如果一则内容的目标是提高人气，那么就需要重点考虑内容的阅读量，若是没有达到效果的话，就需要及时分析原因。各个内容平台都会提供不同的指标数据，帮助我们分析内容的传播效果。例如，微信公众平台会提供文章的阅读量、转发量、收藏量等（见图 4-5），这些指标可以帮我们从不同的层面解析内容的质量和特点。

详细数据							
时间 ⇅	图文页阅读		原文页阅读		分享转发		微信收藏人数 ⇅
	人数 ⇅	次数 ⇅	人数 ⇅	次数 ⇅	人数 ⇅	次数 ⇅	
2015-03-09	47,133	63,141	0	0	1,321	5,161	31
2015-03-08	64,351	84,762	0	0	1,518	7,193	30
2015-03-07	125,190	165,080	0	0	1,809	14,113	29
2015-03-06	230,186	307,690	0	0	1,988	27,010	34
2015-03-05	445,295	592,481	0	0	2,176	52,936	36
2015-03-04	586,878	788,775	0	0	2,299	74,366	19
2015-03-03	179,601	241,514	0	0	1,855	24,059	23
2015-03-02	10,097	13,051	0	0	341	1,041	4

图 4-5 微信公众号文章相关数据

4.3.3 内容策略与规划

在完成内容规划、选题确定等相关操作后，接下来就是内容策略的细节与 KPI 推进了。构建足够强的内容力是市场日常工作的核心，为此笔者有如下几个建议。

1）每天做的事如下。

- □ 短视频分享，可以为知识型或者实用提醒型内容。
- □ 每天发布微信、微博，为客户提供有价值的内容。
- □ 收集与整理新内容并发给粉丝，比如发到微信群、知乎、小红书等粉丝社区。
- □ 每天回复用户的评论或与之互动，比如回复社交平台上用户的评论或解答用户的问题。

2）每周做的事如下。

- □ 直播 1 ～ 2 次，主要进行专业知识分享或者优惠推荐。
- □ 发布一篇关于"怎么做"的深度文章。
- □ 生成一个中长视频，内容以深度价值为导向。
- □ 更新企业网站的内容。

3）每月做的事如下。

- □ 根据深入的研究成果，或者针对热门话题写一篇内容丰富且影响力高的文章、帖子。
- □ 发布一次案例研讨或一则客户成功的故事。
- □ 制作幻灯片、PDF 内容，将其发布到百度文库、豆丁网、360 个人图书馆等分享网站上。
- □ 发布一次公司高管讲话或者专业研讨的视频（对专业领域的话题或观点进行编辑整理）。
- □ 制作一则音频博客（可以发布到喜马拉雅、小宇宙这样的平台）。

- ❏ 整理访客或用户的文章、帖子，向其他平台或出版物投稿。

4）每季度做的事如下。

- ❏ 发布一份基于研究的行业白皮书。
- ❏ 制作案例研究的集锦，并以 PDF 格式来传播。
- ❏ 创建一本电子书，并以 PDF 格式来传播，内容以干货、聚焦你所在领域为佳。
- ❏ 制作一个系列视频，解读本季度行业的热点及趋势。
- ❏ 举办一次行业研讨会或沙龙，并将相关的视频、讲义分享出去。

企业自建内容策略与规划

栗建在《再见了，4A 广告公司》一文中深入解读了企业正在出现的一个潮流——放弃第三方广告公司，积极自建内容中心与团队来迎接内容营销大时代的挑战。

万豪酒店集团挖来了有好莱坞背景的 David Beebe。David Beebe 为万豪酒店集团组建了万豪酒店内容工作室（Marriott Content Studio），工作室有 100 人左右，负责万豪酒店在 YouTube、Snapchat、Instagram 以及 Medium 等社交媒体上的官方账号运营与内容策划。

相比万豪酒店集团从无到有另起炉灶，捷豹、路虎选择的是"共建"。Steve Woolford 与捷豹品牌共同创建了数字创意和营销公司 Spark44。Spark44 总裁 Simon Binns 用"更好（Better）、更快（Faster）、更便宜（Cheaper）"形容"共建"带来的改变。这一模式让财务和流程更加透明，与捷豹、路虎高层的直接对话加速了决策流程并减少了沟通成本。

无论是自建还是共建，之前企业内容中心都被认为是"花钱的部分"，是成本中心而非利润中心。这种传统的想法正在改变。百事公司相信自己的内容制作中心"创造者联盟（Creators League）"

能够通过向媒体出售内容获得资金甚至产生盈利。百事公司通过销售大量非品牌赞助内容赚钱，并以此来贴补那些为推动产品销售而制作的广告创意内容。百事内容中心制作并在电视、在线视频（如 Amazon Prime）上发布各种系列剧、电影、音乐唱片、真人秀节目及其他内容。

内容中心利用品牌本身巨大的能量及内容资产，为其市场营销提供充足的资金。而从品牌资产到营销资金的转化，是由百事内容中心这个未来的"小金库"完成的。

内容策略和规划不可简单地一次搞定。内容策略和规划是一种持续的企业经营行为。不论是自建还是共建内容团队，或者说外包给第三方公司进行他建，内容策略和规划都是企业互联网战略中不可或缺的一步。

4.4　做客户想要的内容，抓住内容 5 大来源

大家都开始意识到内容的价值。许多企业也想开展内容策略和运营，不过类似"做什么内容""我们公司根本没有什么内容可以传播的"等话题经常被提起。如何源源不断地做出目标客户想要的内容，是迫切需要解决的问题。

4.4.1　5 个维度确定目标客户想要的内容

要满足目标客户偏好，首先应确定内容及写作风格的标准。在执行过程中，以下 5 个维度可以帮你梳理出客户想要的内容。

1. 你想和谁接触

请回答：你心目中理想的客户是谁？他们的年龄特征是怎样的？他们在哪里生活？他们从事什么职业？对这些问题回答得越清

晰，接下来的内容营销开展得将越顺利。不要给出类似"我想影响所有客户"这样的模糊回答，因为这就等于你的内容营销没有目标客户。

在广告文案圈，尼尔·法兰奇堪称大师。他常常通过内容筛选目标客户，激发客户的购买热情。当所有威士忌都在诉求"品味"的时候，尼尔·法兰奇告诉你他的威士忌你可能买不起。

"这是一则皇家芝华士的广告。

假如你还需要看瓶子，那你显然不在恰当的社交圈里活动；

假如你还需要品尝它的味道，那你就没有经验去鉴赏它；

假如你还需要知道它的价格，翻过这一页吧，年轻人。"

试着思考一下，当叛逆的年轻人看到这个内容，他们会有什么反应呢？

2. 客户上网都看些什么

你的目标客户群体共同关注的 5 个账号是哪些？他们是否经常使用社交媒体？直播、微信、微博等平台中他们偏爱哪几个？了解客户的网络浏览行为，将有助于你决定提供哪些类型的内容。

3. 客户偏爱什么内容

目标客户是想看娱乐新闻、实用信息，还是文化知识？他们更喜欢文字风格的内容，还是视频风格的内容？当你的粉丝喜欢阅读白皮书或文字信息，而你却把更多的时间花在视频上时，那就是瞎忙。

4. 你希望客户做什么

企业内容营销都具有很强的目的性，也正是这种目的性将在一定程度上决定企业内容的呈现形式。

你通过内容想让用户获得哪些信息（产品信息、行业信息）？

希望用户直接购买你的产品或者服务？希望他们订阅你的邮件列表，访问你的网站，还是主动和你联系？你希望获得的反馈或成效也将影响你在互联网上投放的内容。

相较于咕咚运动、乐动力等运动领域的移动应用软件，Keep 起步较晚。上线后不久，Keep 通过低成本内容传播，用户数轻松突破 600 万。Keep 引爆用户的方法是激发用户在朋友圈进行签到、打卡、传播等行为。Keep 健身打卡一度成为朋友圈的一个现象。创始人王宁认为，通过社交网络进行分享回流是一个很好的获取用户的方式。营销最核心的部分一定是产品本身，此外产品要有能够传播并让用户回流的点。运动本身传递的是积极正面的生活理念，只要适当进行激发，用户就会乐于在朋友圈传播。

另外，Keep 非常重视内容建设和用户互动，并且坚持每天生产原创内容，通过优质内容来获取新的用户。

5. 你有什么现成的内容

企业在内容营销上的投入，不仅涉及发布的费用，还涉及收集、整理内容的投入。在开展内容营销规划之前，企业需要反问自己：我有什么现成的内容？我拥有的内容资源有哪些？

4.4.2　5 大内容来源支撑内容可持续运营

我们在做内容传播时，内容来源是绕不开的问题。既然内容已经成为移动互联网时代的新营销战略，每个企业都应结合自己的优势找出内容来源。但是一般企业能够拿出来传播的内容少之又少，为此笔者在给企业做顾问的时候，往往首先解决的就是内容来源问题。

常见的企业内容来源有如下 5 个。

❑ 现有的材料，如产品介绍、公司介绍、公司内部文稿等。

❑ 一线员工身边发生的小故事或者工作中的亮点。

❑ 采集自上下游供应商、产业链的内容。

❑ 征集得到的用户的故事、案例。

❑ 针对行业及产业发表的知识性、观点性的内容。

企业只要在这几个方向上系统、稳定地采集和处理内容，就能构建起内容体系。我们发现，企业在上述前四点上往往功夫下得不够，可能是因为态度不端正，或者内容的流程不够完善。企业内容策略执行人员权力小，无法系统地构建内容来源体系和调动其他部门参与，也是一个很重要的原因。这就会导致企业内容策略执行人员只能简单拷贝网上的内容，这样的内容自然显得非常零散。

笔者曾经服务过一家外资保险企业，该企业当时并没有储备好适合互联网传播的内容（大部分企业其实都如此）。为了解决这个问题，笔者建议从内容源头和体系上着手，为此笔者帮助该企业结合 20 周年庆，策划了一个征文活动，征集用户这 20 年来与企业发生的故事和产品使用体验等。通过这个活动，一方面让用户重温那段与品牌邂逅的岁月，另一方面为接下来的内容营销奠定足够坚实的基础，巨大的内容库可以满足企业在内容营销方面的需求。

天地彩钢，过亿销售订单源自内容

据天地彩钢团队反馈，公司能够在濒临破产的时候起死回生，秘诀就是用内容吸引客户。公司组织编写了 5000 多个客户故事并将这些故事放在各种网络平台上来招揽客户，如官网、新闻媒体及社区、博客、微博、微信等。其中典型的案例是在 2013 年，天地彩钢一个近亿的订单销售线索竟然来自分发出去的内容案例，俞方伟及其团队瞬间明白了内容营销的价值！

天地彩钢团队积极构建内容策略，让一些鲜活的故事深入人心。天地彩钢积极围绕内容策略开展运营，集团也高度重视内容收集，为此成立了 5 个人的内容执行团队，分别负责文字、视频、美工和编辑等工作，其中 3 个人负责内容采集、编辑，1 个人负责图片修饰，1 个人负责音视频。这个团队前前后后写了近万个业内故事及公司运营案例，做了 800 个视频。他们在内容产出方面已经形成稳定的流程。图 4-6 所示是天地彩钢官网上的内容，它不是简单地展示服务过的经典案例，而是写成易读的故事。

```
» 经典案例

» 穿过一整个西太平洋去拥抱你——帕劳活动房项目
» 随处安放的光与影——海亮地产售楼处建设项目
» 集装箱里的水上乐园——四方游泳室建设项目
» 栖息在厦门的"大胃箱"——特种设备箱项目
» 在寒山寺边上，窝在星级集装箱公寓里，过着有诗和远方的日子
» 野茫茫，风吹草低见集装箱——五洲国际售楼处建设项目
» 担得起一"箱"情愿，也挨得住愿赌服输
» 天地智造组合集成房屋：工地办公用房也轻奢
» 冬天，别闹，我捻土为"箱"呢
» 比冷还寒冷的西藏，不想变硬，就快进房
» 北京遇上西雅图，我们遇上临时建筑
» 驻足在孟加拉平原上的"交钥匙工程"——天地智造孟加拉活动房项目
» 迷你集装箱，小空间大能量
» 给每一座房子，取一个坚强的名字，挂一个温暖的牌子
» 比大还大，比多还多，18 个集装箱竟然组合出 350 平方米的办公空间
```

图 4-6　天地彩钢官网上的内容

天地彩钢团队积极构建内容策略的方法如下。

第一，**发现，汇聚碎片信息凝聚大能量**。用扎克伯格的话讲，你发现家门口有一只濒死的松鼠，你记录下这个故事，它可能引起你朋友圈里很多人的兴趣。在企业经营中，一个订单、一次见面、一句留言、一场纠纷、一个饭局、一个电话，甚至是一个小提示、一个小窍门、一个小建议，都是内容的萌芽。

第二，**真实，内容来自生活**。总结各种选题范式，线上和线下都做，根据主题类型分类入库，随时调用。例如，团队将日常内容归类为创业故事、愿景故事、成就故事、犯错改错故事、员工故事、历史故事、传播故事、沟通故事、风格故事、客户故事、服务故事等。

第三，**视角，同一主题换视角就有了新内容及故事，经常头脑**

风暴，创新视角。比如从产品角度思考：新产品为什么产生？怎么研制？生产过程如何？工艺和专利情况如何？制造标准是什么？收到怎样的市场反馈？怎么销售？被什么样的客户购买？获得什么样的好评？未来的预期……

第四，**多样化，创新故事形式，包括但不限于文字、图片、漫画、视频、图片剧、微电影等**。

第五，**细节，从编剧理论吸收智慧，突出鲜明的主题、个性化的人物、丰富且有冲突的情节、感同身受的细节**。通过有代入感的内容，让客户、听众产生共鸣。

第六，**靠谱，要有稳定靠谱的执行团队，讲好故事，做好故事传播，扎实落地，做到极致**。

天地彩钢在自己的特定垂直行业深度耕耘内容，并通过接近免费的方式传播出去，收获源源不断的商机。更加难能可贵的是，其团队在尝到甜头后，迅速跟进，通过一段时间的打磨使内容产出形成稳定的流程，这也成为他们获得竞争力的秘密武器。

4.5 内容创作结构化

走路、坐下、用筷子……大多数人都能很自然而然地完成这些动作。当我们在走路时，肯定不会想"先迈右腿，然后再迈左腿……"，因为我们的身体已经记住了这一连串的动作，"自动操作系统"已处于被激活的状态。在做内容时也是一样的道理。最理想的状态是能结合所写的内容，瞬间在头脑中构思出内容蓝图。所以，你需要激活做内容的"自动操作系统"。

4.5.1 内容创作的 4 种结构

当你能熟练运用"结构化思维"做内容时，"不知该怎样做内容"的烦恼自然也就消失不见了。

1）下结论的结构：**结论→理由→具体案例→总结**。

2）讲故事的结构：**挫折→转机→成长→未来**。让读者有代入感，易产生共鸣。

3）提出观点的结构：**提出观点→理由→具体案例→应对可预想的反驳情形→再次提出观点**。当你想提出自己的观点或意见时，可以使用这种结构。由于事先就已针对可能遭遇的反驳架设好了"防线"，所以更容易赢得读者的共鸣与认同。

4）种草风格的结构：**经历（常常是不愉快的体验）→遇到推荐的产品或者服务（化解不愉快的体验）→讲解细节与优点→总结**。这就是小红书、大众点评、知乎等平台上购物体验分享、种草等内容的风格，通过内容激发潜在客户的需求与购买欲望。

用结构化思维做内容，不论是写文章还是做短视频文案，都可事半功倍。国内外有许多团队都对此有极大的研究热情。这方面的代表作品有美国巴巴拉·明托的《金字塔原理》、德国申克·阿伦斯的《卡片式笔记写作法》、日本山口拓朗的《九宫格写作法》、中国郑国威的《知识内容写作课》等。虽然上述作者介绍的角度不是商业营销范畴，但是他们对内容的呈现与结构化思考是值得我们借鉴的。

4.5.2　内容创作的4个模板

做内容的模板是很有必要的。刚开始创作内容时，你可以按照以下4个模板来刻意练习。将你的商业目的注入以下4个模板，每个模板各模仿20篇，你就可以找到做内容的"手感"了。

1. 教学文

什么叫教学文？教学文就是**把大家不知道的事情，用一个个步**

骤讲解清楚。这就像一份食谱，有精准的材料比例、制作步骤、火候控制，想做菜的人只要照着食谱做，就能做出美味佳肴。

如果你的知识关乎某种可以"实际执行"的行动，那就可以把专业知识用类似介绍操作流程的方式写出来，甚至加上恰当的图片来辅助教学。例如，我们要教用户改善睡眠，就可以结合医学和心理学知识从饮食习惯、卧房布置、灯光调整、气氛营造等入手，一步步详细介绍怎么做，让读者可以直接照着操作，当然要把你想要传达的专业知识放到里面。

教学文首先要让大家知道文章，要解决的是什么实际问题。然后告诉大家，如果想要解决问题，可以怎么做。接着告诉大家，只要照着我们文章里给出的方法去做，就能得到什么样的效果。你也可以在操作步骤中补充一些原理性知识，让读者知其然并知其所以然。例如，图 4-7 所示就是知乎等平台上最为常见的教学文风格的内容，在抖音上教学文风格的呈现形式则变成短视频了。

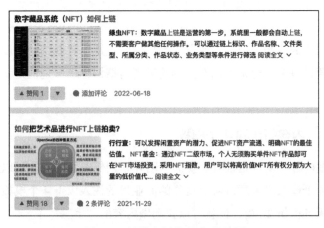

图 4-7　教学文风格的内容示例

教学文不仅在网络上传播效果好，在打造个人 IP 上也特别关键，一篇好的教学文，可以很快吸引对你的专业知识感兴趣的人。

2. 新知文

新知文就是要告诉大家，**在这个专业领域里最近发现了什么，这个知识领域有哪些新的拓展，有哪些很有趣的新东西，或者有哪些新的争议、讨论。**

人们看新知文，就像每天都想看新闻一样，本质上人们是想获得自己还不知道的新东西。在社群时代，人们往往都有比别人更快获取新东西的需求。

新知文除了可以吸引追求新知识的读者，还可以把自己培养成这个领域真正的专家。你对这个领域的新知识追得越紧，对这个领域的脉动掌握得越及时，读者对你的信任感就越强。

如果读者真的开始对你的专业知识感兴趣并产生需求，他们就会频频回到你的网站或社群，因为他们知道关注这里，就可以第一时间获得新知识。

3. 翻案文

翻案文就是推翻大家原本以为正确的认知，告诉大家完全不一样的真相，于是大家会觉得惊奇，也会认可带给他们正确知识的你。**简单来说就是："你以为是怎样，但其实是这样！大家都以为是这样，但其实这件事不是这样！"**例如榨菜常常被认为是不健康的，因为传统榨菜有硝酸盐成分，那么你是否可以帮它翻案呢？相关翻案文如图 4-8 所示。

翻案文可以有效吸引用户，并且获得大量分享，因为大家都不希望成为"不知道真相"的人。而且用户往往会有这样的心理：我知道真相了，我还要分享给别人，一方面让别人也知道，另一方面证明我是先知道的。

图 4-8　翻案文示例

翻案文也是有效推动阅读者学习和分享的方式，因为当大家被一种彻底翻转的知识"点醒"后，会更想做出改变然后把这种改变告诉更多人。

你可以找找看，在你的专业知识领域，有没有常常被大家误会的事情。如果有，你就可以把这样的误会当作你的题目，用你的专业知识翻转它，点破谣言，讲出正确的知识。

4. 热点文

热点文就是专门针对热点来撰写文章。利用热点来找题目，可以让你的写作素材源源不绝。

因为不断有新热点，所以你可以不断找到新话题。

热点已经成为大家关注的焦点，所以你不用思考与热点相关的话题到底受不受欢迎，**只需要思考如何找到合适的写作角度以及正确且贴合你的宣传目的的观点。**关于借势热点的注意事项和方法，前面已经有过介绍，这里不再展开。

4.6　内容编辑与内容优化

内容不能有效引爆社群，一个关键因素是内容的影响力和优化做得不够好。做社群成员喜欢阅读且有影响力的内容需要综合考虑内容呈现形式、内容风格、内容标题等。塑造内容影响力与优化内容是一个基于数据及用户反馈不断进行迭代的过程。

4.6.1　高影响力是内容努力的重要方向

互联网并没有改变人性，正如霍普金斯在《科学的广告》中所说："人类的本质是不会变的，现代人和古代人没什么两样，所以基本的心理学原则依然牢靠，因此你不需要将学过的心理学原则全部打破，重新建立。"人性没有变，但是用户的阅读习惯和行为因为信息传播渠道的变化而发生了变化。

1）**用户注意力变得稀缺**。移动互联网兴起带来了碎片化时代，这让消费者的专注力下降，"精简"显得更为重要了。比如，为了证明手机拍照效果好，传统的做法可能是专门出一篇评测文章，洋洋洒洒数千字，把拍照效果呈现得非常详尽，但是这套做法当下行不通了。苹果公司的做法值得借鉴，它把 iPhone 拍出来的照片直接喷成了巨大的广告牌，照片很简洁、唯美，这不仅体现了照片的分辨率很高，还从侧面证明了 iPhone 的摄像头很专业。

2）**内容必须紧扣特定用户口味与需求**。我们现在处于信息大爆炸时代，四面八方都是信息。这就需要思考如何让我们的内容与用户息息相关。了解他们关心的是什么，然后将他们的需求、渴望或担忧表现在内容中。

3）**用户变得老练，粗暴、简单的内容会直接吓跑他们**。粗暴、简单的劝购文已经失去作用了。提供有价值的内容，帮助用户解决问题，并辅助用户做出购买决策，是当下创作内容时必须考虑的。

依据用户阅读行为及竞争环境的变化，笔者总结出用户想要的内容的特点。

1）**行文简单，引人注目**。简单直接讲述用户能够理解并且容易产生共鸣的内容，如图 4-9 所示。

图 4-9　广告示例

2）**高质量**。制作精良，有一定的趣味性，言之有物。

3）**有真情实感**。用心去写，让人们能够感受到内容制作者的诚意。

4）**内容聚焦，垂直**。内容与特定的用户有较大的相关性，有特殊价值。

5）**内容呈现多样性**。以 VR/AR、音视频、图片、文字等多种形式友好呈现。

4.6.2　不只要影响力，更要信任度

信任是影响用户的基础，如何通过内容构建信任以获得影响力？笔者认为可以从如下 5 个要点展开。

1. 内容来源的可信度

一般来说，销售人员的可信度低于专家的可信度。但是有证据表明，经过一定时间之后，大多数用户只会记得信息本身，而忘记来自何处，最终表现是信息来源的权重变弱，如果再次提醒用户来源，则用户对内容的信任度会提升。

爱德曼公关发布的信任度指标调查结果显示，在形成对某公司的看法时，人们会更加依赖多种信息渠道。那么，哪些信息渠道更具实效？笔者认为主要包括如下几个。

❏ 行业杂志和行业协会；

❏ 分析报告、白皮书；

❏ 网上的留言板和论坛；

❏ 微信、博客、社会化媒体等站点；

❏ 知名的专家及形象代言人；

❏ 朋友和家人；

❏ 新闻媒体报道和商业杂志等。

2. 内容叙述方式

不同的叙述方式会让读者产生不同的反应。例如，一段倡议观众不要做某件事的公益广告，其实同时在传播两个内容：一个是这件事是有害的，另一件事是观众在广告中看到有很多人正在做或者曾经做过这件事。此时广告中的人实际上正在用自己的行为为观众做"榜样"。当人们看到做这件事的人原来如此之多时，他们会认为这只是一件平常之事，没什么大不了的。所以不严谨的警示性广告反而会激发观众去尝试不建议做的事情。由此可见，内容的叙述方式有多么重要。

此时我们就应该思考：内容的叙述方式是不是应该站在对方的角度来晓之以理？是不是有理有据？是不是有典型客户的成功案

例？给用户紧迫感未尝不是明智之举。

3. 差异化内容

社会心理学者提出了用参与程度来评估内容对要说服的对象所起的作用。参与程度是指听众对信息的反应。如果听众感觉信息与自身的利益相关，他们的参与程度会变高。如果信息与听众的利益无关，听众就没有参与的兴趣。为此在描述内容时，最好针对要说服的对象具有的特征展开，不论是标题还是具体内容，都要尽量和客户发生关系，这样说服效果才够好。

征人，行程凶险！酬劳低微，工作环境苦寒，须累月处于黑暗中，危险横生，安返机会渺茫。事成则功成名就。

——Ernest Shackleton

上述广告在 1900 年刊登后，回应如雪片般飞向 Ernest Shackleton。根据常识，这样的内容不应该有这样的结果，因为其"承诺"全都是负面的。这类广告常规会被写成"刺激旅程寻人，待遇优厚，环境佳，保证收益"。

但是我们要知道，上述广告是寻找创业探险者，若发布这样的内容，吸引来的人根本不会与 Ernest Shackleton 同甘共苦，因为他们看重的是钱。Ernest Shackleton 需要寻找的是那些勇于挑战自我的人，而不是看重利益与回报的人。我们很高兴看到他通过特定的内容，触动特定人群的内心，获得创业路上的同行人。

如果你想吸引某地区 35 岁以上女性的注意力，那么你在朋友圈写的内容就需要围绕目标女性关注的话题（美容、孩子教育、情感问题等）展开。类似"深圳 TOP100 美容院大点评""35 岁以上的成都女性，这个夏天进补的 10 个小妙方"这样的文章都是不错的选择。

4. 信息的本身

针对不同的行业及产品，消费者对信息的需求也不同。只有熟悉用户的购买行为，才能写出具有影响力的内容，例如图 4-10 所示的文案。

图 4-10 小米体重秤文案

"我们不生产水，只是大自然的搬运工"，农夫山泉紧扣用户痛点——食品、饮品安全问题写出了这个文案。农夫山泉传播的内容中并没有"纯天然"等字样，但给了大家一个感性的画面：把纯天然的水搬运给用户，没有任何添加剂，安全！

5. 知己知彼，设身处地

在创作内容时，不仅要考虑清楚自己的想法与行动，还要通过各种方式了解对方的情况。在了解的过程中要站在对方的角度，想好消费者可能提的问题。事先预想你的沟通对象会对你所说的内容做出何种反应。

"曾经有太多的人从公园偷木化石，导致化石林国家公园的自然生态圈被严重破坏。"这样的内容变相地向人们提供了别人偷木化石的社会证明，这不仅没有起到保护作用，反而减轻了偷木化石的人的负罪感，因为有好多人在偷。此类内容的努力方向是突出强调人们应该做的事情。

公园优化后的标语是："为了保证化石林国家公园的生态平衡，请不要拖走公园里的木化石。"简单明了，有效阻止了偷盗行为。这个标语将人们的注意力集中在偷木化石带来的消极效应上，而不是让人们看到其他人的不良行为，最终降低了木化石的被盗数量。

通过职位和声望更高的人或者说服对象的朋友来进行说服。从说服对象的角度来帮助分析利弊，这样比较容易被对方接受。也可以通过环境给说服对象施加压力，从而产生间接的影响，以促使他采取行动。

4.6.3　好标题的 4 大功能与 20 个高吸睛标题

如何优化内容以获取更高的传播量、影响力及销售转化率？这是一个非常复杂、系统的问题。

1. 好标题的4大功能

"除非你的标题能帮助你出售自己的产品，否则你就浪费了90%的金钱。"大卫·奥格威的这句话到今天依然闪烁着智慧的思想。

在所有读到内容与广告的人当中，有 60% 的人只读标题，这意味着，那些看你内容与广告的人有 60% 左右都只读前面 15 个字。

最为出色的标题，能够关注消费者的自身利益或提供新消息。标题的 4 个功能如下。

1）**吸引注意力**。例如使用"免费""最后机会""优惠""为什么"等字眼可以快速抓住消费者的注意力。

2）**筛选目标客户**。请记住，把你想影响的人写在标题上。例如"30 岁以上大龄女青年来这边""准备 2026 年雅思考试的同学注意啦""写给成都 00 后的一封信"这样的标题可以筛选出你的目标客户。如果标题只剩下最后几个字，那一定就是对你的目标客户的描述语。

3）**传达完整的信息**。许多用户只看标题，不看内容。如果你的标题能将内容表述清楚，就能针对当下只看标题的用户进行宣传。例如，"早期发现，×× 癌症是可以治疗的""为你省下一半房贷的 3 个方法"。

4）**引导继续阅读**。要想做到这一点，你需要激发读者的好奇心，可采用吊胃口或猜谜的方式，也可采用提供奖赏、有用的信息等方式来吸引读者。

标题就如同标签，你利用它从读者中把潜在客户吸引过来。标题的灵魂在**利己心、新闻性、好奇心、相关性**。

2. 高吸睛的20个标题

如果给你 5 小时写文案，那么你一定要花 3 小时想标题。成熟团队是如何确定文章标题的？在完成内容选题及编辑后，一般会让新媒体团队中的每人都参与标题的拟定。每人至少取 5 个标题，这样针对每一篇内容，都可以产生几十个标题。从中挑出 5 到 6 个标题，放到粉丝群、铁杆群、顾问群里进行测试和投票，然后确认。

对于中小企业来说，在拟定内容标题时无法采用流水线、体系化的方法，可以先收集整理出 1000 个最佳标题，每次完成内容后先从里面挑选出几个标题来改写。这样就可以快速得到高质量的标题。

这里给出 20 个典型的标题，你可以将这些标题作为底版来

进行修改。你只需将其中的某些措辞换成跟你的业务相关的词汇即可。

- ☐ 免费白皮书，告诉你如何写出神奇的短视频文案，这简直就是让人送订单给你
- ☐ 强大的全新线上课程，卖家深谙国外年轻消费者，让其疯狂购买
- ☐ 终于出现了一家只使用纯净水、面粉、牛奶和鸡蛋的面包店
- ☐ 这种新发明让你不需要刀枪或学过功夫，就可当场阻止任何攻击者
- ☐ 通知：将在深圳福田掀起最疯狂的三明治热潮
- ☐ 注意！有些美容师竟然将这些东西涂在你脸上
- ☐ 最新发布：心理学家的研究揭示了鲜为人知的大脑思考模式，可以让烦人的推销电话立即规规矩矩
- ☐ 一位 95 斤的老奶奶，看她如何让一个 203 斤重的心理变态杀手像婴儿一样放声大哭
- ☐ 这些是意大利人制作的正宗比萨
- ☐ 终于出现一本改进自我的书，它会激励你，给你力量并最终让你改变
- ☐ 请看！现在你能够以批发价购买 iPhone 14 了
- ☐ 有史以来最轻松的学钢琴的方法
- ☐ 上海真正使用新鲜水果的冰站
- ☐ 怎样在 90 天内像一名歌唱家那样唱歌
- ☐ 惊人的新式 VR，看看就可降血压
- ☐ 你是否知道怎样按一下按钮就可阻止他人攻击？
- ☐ 你是否愿意用 2 块钱交换百年老字号用砖炉烤制的烤鸭？
- ☐ 你能否保证自己的孩子不遭遇欺凌？

❑ 如果你讨厌饭后洗碗，这篇文章将带给你好消息

❑ 从今天开始，一周内你的舞技能够提高97%，如果你遵循如下准则

4.6.4　短视频封面编辑与优化

内容形式从文本走向视频。短视频成为企业数字化营销的关键形式，在制作短视频内容时同样需要围绕商业目的和用户诉求来进行选题、拍摄、剪辑、发布。

对于短视频而言，标题除了要包含传统意义上的视频描述外，更为重要的是要包含封面截图。短视频封面直接决定打开率、目标受众和完播率。示例如图4-11所示。

图 4-11　笔者的短视频封面

确定短视频的封面有以下几个注意事项。

❑ 封面简洁是关键。

❑ 主题突出，最好只谈一个主题。

❑ 视觉设计要足够吸引人。

当然短视频最终的点击率还是要看内容质量、场景、与客户需求的匹配度等，但是无论怎样，好的封面都是成功的关键。

4.6.5 用具体细节来构建场景画面感

想创造有影响力的内容，你可以通过构建相应的场景，增加内容的可读性、趣味性、画面感和代入感。

想唤起消费者鲜活的回忆，可选取那些带着愉悦印记的回忆画面，然后将这种回忆画面和未来可能出现的商品联系起来。少发布主观评论，少用抽象词汇，多用具象名词，用能够作为符号的画面构建场景以获得消费者的代入感。一句话总结就是：影响力源自设身处地。

案例一： 枯藤老树昏鸦，小桥流水人家，古道西风瘦马。夕阳西下，断肠人在天涯。

案例二： 大漠孤烟直，长河落日圆。

案例三： 我记得鱼尾巴砰砰地拍打着，船上的座板给打断了，还有棍子打鱼的声音。我记得你把我朝船头猛推，那儿搁着湿漉漉的钓索卷儿，我感到整条船在颤抖，听到你啪啪地用棍子打鱼的声音，像有人砍一棵树，还记得我浑身上下都是甜丝丝的血腥味儿。

案例四： 看看这些丝绸腰带吧，有适合少女的玫红色；有适合已婚妇女的触感柔软的浅紫色；也有适合老妇人的温暖的象牙色。

内容构建的画面能让人产生亲切感，正如画着巧克力等精巧点心的图像会让人产生愉悦感，吵闹的动物和爬行昆虫却容易让人产生厌恶感……合理地使用场景化内容会增加销售转化率及说服力。

案例三摘选自海明威的《老人与海》，"砰砰地拍打""棍子打鱼的声音""猛推""湿漉漉的""颤抖""砍一棵树""甜丝丝的血腥味儿"，精确的动作描写＋感官描写＋带有叙述性的比喻构成了场景画面感。

如果要通过构建场景及画面代入感来描述汽车的具体优点（动力强劲、引擎运行流畅、座驾舒适、装饰优雅），可以这样做：消费者和他的家人在星期天的早上开着汽车去乡下踏青，重点描述开车过程中车里的情形和车外的自然风光和谐统一，然后描述消费者全家在树荫里享受美食，汽车就停在他们旁边，就如同这个家庭中的一员；也可以通过这辆车体现消费者富裕的生活等。

只有细节才入心。对细节和特征要着重描写，宏大的战略目标往往通过细节体现。你也可以尝试通过文字构图来达到入心的效果，比如模拟摄影师拍摄时的构图，借鉴电影的光影、剪辑等手法，用文字构建画面。

从现在起，描述自己的产品或服务时要尽可能具体。例如，非常具体地介绍店里供应的食品。只有你说出了人们想了解的信息，才可以把自己与竞争对手区分开来。

第一家五金店：锤子、螺丝刀、电动工具、家用修理工具……这里有你想找的一切五金工具，价格合理！

第二家五金店："阿飞五金"可不是一般的五金店。我们是一家五金超市！供应 1343 种扣件、2283 种钉子、186 种卷尺、213 种不同颗粒度的砂纸、76 种不同风格的锤子、128 种螺丝刀、47 种钥匙以及 354 000 个螺栓和螺帽，所有顶级电动工具都价廉物美，包退包换，包您满意。

如果你需要五金工具，除了在广告上看到的东西，你对这两家商店一无所知，且它们离你家的距离都差不多，你会去哪家？答案显而易见——阿飞五金店。即使其他所有五金店都出售完全相同的商品，但其广告可能都没有这一家说得这么详细，这么有画面感。

人们是否知道所有这些信息其实并不重要，只要你有他们想要的东西，他们根本不会管你有什么。谁会真正在乎你有多少螺栓、螺帽呢？但列出更多产品，这背后却蕴藏着"细节意味着专业"的心理学原理，细节会让广告具有强大的效力。因为其他商店几乎都没说这些事情，人们就会断定说得具体的店铺货物更全、更好。难道你不想做出有画面感的内容吗？

4.6.6　时刻不忘故事化你的内容

好的内容一定有故事性。在内容爆炸的年代，通过故事进行营销是一个不错的选择。故事可以在社群中迅速传播，引起用户的共鸣，获得用户的认同感，达到构建社会资本的目的。一个会讲故事的企业将更易获得夯实的网络社会资本。

因为人们渴望故事，所以你需要有故事思维。笔者的一个朋友曾这样描述他美国的导师："上课就是跟学生逛校园，成绩完全由逛的时间长短决定。导师先布置书目，然后听你的观点。如果你没读进去，话不投机，导师带你逛半小时就出来了，你就完蛋了；如果你读进去了，导师悉心指导，可能一下逛半天，你能问多深，导师就能把你带到多高的境界。"这种描述方式，你感觉怎么样？

不同故事影响的受众也不同。例如，海尔集团一直在传播的故事是张瑞敏拿起大锤砸不合格的冰箱。这个故事可让消费者直接感知海尔对产品质量的看重，当然也会促使员工积极创造高质量的产品。

龙湖地产物业不断收集业主、员工的故事，通过故事的传播，更好地诠释品牌精神，构建有力的竞争优势。"我给你讲一个故事吧……"这是龙湖物业对外说得最多的一句话，从董事长到一线员工，再到龙湖的业主，龙湖物业的故事张口就来。

我们听过太多企业领导者的故事。在中国绝大多数公司里，"企业文化"就是"老板文化"。大家只知道老板或领导者做了些什么，不知道其他人都干了啥。这种"不知道"不只是"忽略"，更是一种"隐性否定"。大多数人的心理是：既然没人知道，那我何必自作多情？每个人的心都需要激活。

当一线员工听到领导者成功奋斗的故事时，通常做何感想？他很有本事，但与我何关？在服务行业，大多数员工身处基层，没有太多机会和领导者接触，更关注的是自己身边的人和事，以及如何生活下去。老板的故事听听也就过去了。这并不是说领导者故事驱动型的文化不好，只是在一个 90% 以上都是基层员工的服务行业，这或许不是最好的文化驱动方式。

你也许很难再找到一家公司像龙湖物业这样会讲故事。龙湖物业的故事里找不到老板和高管，全部是一线员工，是他们和业主的故事。龙湖物业把员工的故事讲给业主听，把业主的反馈讲给员工听。

龙湖西苑的一个业主出差到外地，家里的老人有心脏病、高血压，老人怕自己犯病，就对保安说："能不能每隔半小时往我家打个电话，看我是否清醒？如果有问题，你就上来帮我，桌子上有存折和医保卡，存折密码写在纸条上。"知道这件事后，龙湖物业的保安除了每半小时打电话以外，还每隔一小时上去看一次，一直持续到出差的业主回来。业主知道后非常感动。

这是龙湖物业的一个非常普通的故事。龙湖物业每年都会收集几百个各类员工和业主的故事，汇集成文，在整个集团内分享，由此形成企业文化的根基。故事一般来自业主的感谢信以及员工日常工作的所见所闻。公司晨会常常会让员工分享心得，并提交到公司相关职能部门进行研究。有典型意义的则上报到负责知识管理的部门进行汇总和筛选，然后传播给全公司和小区业主。

龙湖物业常常会要求管理团队在周例会和月例会上讲员工的故事。这些来自"民间"的故事，让龙湖物业形成了真正的员工文化。故事通俗易懂，员工感觉非常亲切，这就是他们身边的人和事。他们会想，为什么当时我遇到这个问题不知道这么处理呢？下次再遇到类似问题，就知道怎么处置了。这类似于英美的判例法，怎么做是对的就有据可循了，这是什么样的培训都达不到的效果。长期积累下来，会形成各种业主需求的处理模式，在此基础上再做创新服务设计就相对容易了[⊖]。

笔者想说的是：对于企业来说，偶尔讲故事是很容易做到的，但是像龙湖物业这样把故事深入到内部流程体系确实不易！

4.7　无法持久原创，你要有内容策展思维与伪原创能力

笔者在辅导银行客户经理、B2B 销售人员的过程中，有一个绕不开的问题：**如何塑造个人 IP，并使其影响客户认知与商机获取？在社交媒体上，塑造个人 IP 的基本操作就是为客户提供有价值的内容，加深客户对你的个人印象，努力让自己成为善于解决相关问题的专家。**

在合适的时机给潜在客户传递优质内容，就能建立起你与客户之间的重要人际关系，将被动的线上关系转化为现实中的销售线索。

社交媒体就好比一只贪得无厌的怪兽，你永远喂不饱它。想要

⊖　案例内容整理改编自潘东燕的《龙湖物业的故事会说话》，刊于 2011 年 6 月的《中欧商业评论》。

自己的优质内容持续有人关注，你就必须每日"投喂"。现实情况是，你永远不会有充足的时间去创作足够多的优质内容。这时，你就需要一种叫作"策展"的东西。

策展就是从不同杂志、报纸中剪取出一段段文字，整合后再发送给他人。在社交媒体上进行内容策展不过是将这一过程数字化而已。**想体现专业性，你不必每天都自创内容，整合已有的外部优质内容即可。这样你就会成为相关内容的整合者，成为客户心目中的意见领袖或专家。**

做内容，更多企业还没有形成稳定的团队，内容的产出过程也不成体系。每天原创的内容或者采编企业的内容，确实不是那么容易，因此，更多企业往往会选择策展。**策展就是依据用户的口味，为其定制、整理或者编辑内容。策展是一种伪原创。**之所以称为伪原创，主要是因为策展所用的内容素材非原创，而是对互联网上的内容进行再加工。伪原创做得好，价值并不比原创小。

策展不是简单拷贝别人的内容，而是围绕自己的用户，做符合他们口味或者有价值的内容。策展的本质还是在创作团队和经济投入的支持下，努力为用户提供有价值的内容，从而获得商业利益。当然，若是条件允许的话，加大原创比重是合理选择。

一篇点击量超过 5000 万的策展内容

新榜在对爆文《谢谢你爱我。》的创作单位"视觉志"进行采访时视觉志相关人员说：文章发布 17 小时后，阅读 1500 万+，刷新了"视觉志"阅读量的最高纪录。21 小时后，阅读 2300 万+，点赞 17.9 万，阅读量还在上升。36 小时后，阅读 4000 万+。

网传"视觉志"创始人沙小皮宣布，奖励《谢谢你爱我。》的小编张亚楠 10 万元及一台 iPhone X，一时间羡煞旁人。

推出 4 天后，《谢谢你爱我。》阅读量突破 5000 万，文章仅在朋友圈转发就超过 300 万次，为"视觉志"带来 65 万的新增粉丝，如图 4-12 所示。

图 4-12 《谢谢你爱我。》相关数据

让人惊讶的是，这篇文章的小编是一个 90 后，且做微信公众号才一年多。张亚楠说，之所以写这篇文章，是感觉最近负能量有点多，不管是社会上还是娱乐圈，而"爱"是一个永不过时的话题，所以就想写一点关于爱的正能量的内容。写这篇文章一共花了 3 小时，因为自己平常喜欢温暖美好的东西，拥有自动屏蔽负能量的体质，且喜欢把感人的瞬间收集起来。其实这就是在收集策展素材。

当有人质疑《谢谢你爱我。》只是一篇微博段子的合集时，沙小皮回应："这篇文章是完全独立创作的。关于内容创作，我觉得学习吸收是一个特别重要的能力。读得越多才能输出越多，小到文章大到电影，没有学习就没有进步。一部好的电影一定会有一些地方学习参考成功大片的桥段或者拍摄手法，一篇好的媒体文章一定是在足够多的'料'上做了精深的加工。哪怕你去做了独家专访，也是加工访出来的那些'料'，写评论文章，也是通过一个新闻事件引出，不可能凭空捏造。又有哪篇文章完全不引用数据，不搭配图片，不参考一些普遍的社会认知呢？"**"这就好比我做了一盘地三鲜，你说就是茄子、辣椒加土豆呗。对此我不否认，但是我做出来的就比原来的好吃呀。"**

你也可以从"视觉志"的日常内容策展过程窥见一斑：上午团队开始各自寻找感兴趣的素材，选中之后带着自己的观点和思路进行沟通交流，提供不同角度，达成共识后进行自由创作。晚上 6 点左右截稿，提供完整作品，团队开始下一步讨论，排除各类阅读中不适的情况，以及修正逻辑不顺的问题，对标题、开篇、结尾进行优化处理，最终整理发布。

策展的关键是快速找到优质的内容源头，寻找的方式主要有如下 6 种。

1）**由于内容策展非常花费时间，你最好使用一些工具，例如 Google Alert，通过预设好的筛选条件，让相关内容被自动抓取。**搜狗有个微信内容检索的入口，通过关键词等可获得相关微信文章。用搜狗检索微信内容的缺点是没有权重及热门排序。清博指数可提供按照阅读量、点赞数进行特定领域或关键词的排序，从而帮你快速找到优质的内容。

2）**直接通过关键词在抖音、微信、知乎、轻抖等平台检索，并按照点击量等指标排序，选择靠前的标杆内容做素材。**点赞量最高的话题很可能是热门话题，因为大众感兴趣的，大多数都是有一定热度的。

3）**查找对应领域专业且经典的书籍。**当你缺乏选题时，看看经典书籍的目录，再联想一下当下的场景，相信就会找到很多新的灵感。如果有必要，可以直接从书籍中选择相关内容放入素材库。

4）**参考外国的创意。**比如，YouTube 上有很多优质的内容，国外版的抖音 TikTok 上面也有很多优秀的素材与创意，这些都可能激发你创作更多内容。

5）**复盘同行的作品。**抽时间看看同行的账号，向优秀的同行学习，可以找到创作的灵感。只要看得足够多，总能找到自己想要而且善于表达的选题。

6）从粉丝评论、留言中找灵感。点开评论区，尤其要关注排名前三的高点赞留言，这些信息中很可能隐藏着你下一个创作的灵感。

内容策展需要敏感性，你需要时刻留意你所在行业的发展趋势和竞争者、行业引领者的动向，时刻留意周围发生的事，要做到眼观六路耳听八方，抓住各种细节信息。

内容策展要时刻不忘商业目的：要有目的地进行策展，这样你才能在搜集资讯时保持大局观，将相关的内容合理联系起来。

4.8　让内容走得更远：内容分发、内容标签 SEO 化

想让内容产生更大的影响力，可以在如下两个方面下功夫。

1）内容本身，如内容的形式、内容的价值等。

2）内容的传播渠道，让内容传播得更广。

上述两个方面缺一不可，如果我们的眼睛仅仅盯着内容不放而不关注传播的渠道及方式，结果是优秀内容的魅力没有最大化甚至完全没有发挥出来。

完成内容后，接下来就会面对如何将内容传播得更广的问题，即内容分发与传播的问题。在数字时代，内容分发常见的路径（见图 4-13）有：**自发传播、社交媒体分发；搜索引擎优化、关键词检索或者推荐；付费传播，比如广告。**

在内容分发与传播过程中，可针对不同的内容类型及传播目的采取不同的措施。常态化的内容主要通过自有渠道（微信公众号、抖音号、小红书等自有账号）发布，还可以加上员工的个人微信号、社群账号等。内容传播背后存在增长飞轮：内容质量好，可以吸引更多粉丝，粉丝多了后，内容就会有更高的概率呈现给更多读者。

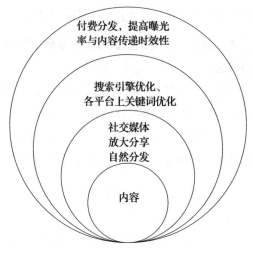

图 4-13 内容传播圈层示意图

　　要想实现爆发性内容（新产品上市、公共关系、大促销等），需要借助更多的分发渠道，例如 KOL、社交媒体平台广告、信息流广告、dou+ 投流、邮件群发等，以提高内容分发的覆盖度与效果。

　　内容助力传播示意如图 4-14 所示。

图 4-14 内容助力传播

4.8.1 内容标签 SEO 化，让内容更容易被找到

关键词优化，这是一个特别低调却是新媒体营销中最为关键且绕不开的核心问题。

不论你运营的媒体是抖音、视频号，还是小红书、B 站、知乎、电商平台，甚至包括传统的搜索引擎，只要你想在网络空间实现商业目的（客户品牌认知、引流、销售、公关），都需要以关键词匹配为抓手。**你只有创作出标签化的内容，才能与目标客户"邂逅"。**

《纽约时报》报道 TikTok 正在成为新信息检索入口。计划申请入读家乡新奥尔良的一所私立高中时，贾科比·摩尔了解到她至少需要一封教师的推荐信。因为是第一次碰到这种事情，她在 TikTok 上寻求帮助。

摩尔在 TikTok 的搜索栏中输入了"教师推荐信"。她不断地刷 TikTok 页面，直至发现两个相关视频：一个解释如何向教师要推荐信，另一个展示了推荐信的模板。摩尔说，这两个视频都是由教师制作的，比 Google 的搜索结果或 YouTube 视频更容易理解。

TikTok 因病毒式传播的舞蹈视频和流行音乐而著称。对 Z 世代（也称为"网生代"）来说，这款视频应用正逐渐成为他们依赖的搜索引擎。越来越多的年轻人利用 TikTok 强大的算法来寻找符合其偏好的信息。TikTok 的算法可根据用户与内容的互动情况，向他们推送个性化视频。

以短视频为例，内容标签 SEO 化的思维与行动如下。

1）制作应景内容需要敏捷性，团队反应速度必须足够快，因为这类内容大多生命周期都很短！

2）**长尾的内容往往不爆，用标签来卡位场景与功能是成功的关键。**

3）长尾内容和长尾流量加起来不容小觑。越是垂直的内容与标签，转化效果越好。内容标签 SEO 化示意如图 4-15 所示。

图 4-15　内容标签 SEO 化示意

4）短视频文案，前半段写给人看，后半段写给机器看，通过标签来匹配观众，让机器有效理解你的内容。

5）一定要有针对内容的 SEO 思维，短视频检索时代已经来临。

4.8.2　构建你的关键词库

如何实现关键词自由？如何围绕客户及商业目的构建企业自身的关键词库？具体来说，可以通过以下 3 步来推动。

第一步：按照你所在行业或围绕客户的关注点来划分关键词库，这样你就可以得到细分的初步关键词库。下面是笔者个人的部分关键词库。

❑ 身份关键词：专家，咨询顾问，教授，教练，讲师，培训师。

❑ 课程关键词：新媒体，营销，销售，创新，数字化，战略，
  转型，商业模式，短视频，内容，社群，私域，数字经济。

- □ B2B 关键词：招投标，采购，大客户，销售，营销，新媒体，ABM，解决方式，顾问式销售。
- □ B2C 关键词：新零售，引流，会员管理，社群，私域，新媒体营销，内容营销，短视频营销，经销商，本地化，促销，品牌，创新，商业模式，销售，代理商。
- □ 银行业关键词：客户经理，支行，开门红，理财，融科技，场景，销售，个金，对公。
- □ 运营商关键词：5G，云，算力，云网，终端，宽带，政企，物联网，专线，IDC。

如果可支配的资源有限，建议你尽可能挖掘行业中的长尾关键词，而不是去抢行业性关键词。

第二步：通过为一级关键词加前缀、后缀、形容词得到指向性更明确的二级关键词。例如一级关键词是"社群营销"，那么"B2B 社群营销"就是一个二级关键词。

第三步：拓展长尾关键词。长尾关键词常常以短语、短句的形式出现，指向性更加明确。你可以通过在知乎、简书、百度知道、B 站等平台上用内容标签优化关键词来实现流量导入。

关键词常用工具：百度指数（搜索引擎关键词），巨量算数（短视频），平台推荐下拉词，5118（见图 4-16）类 SEO 工具网站。

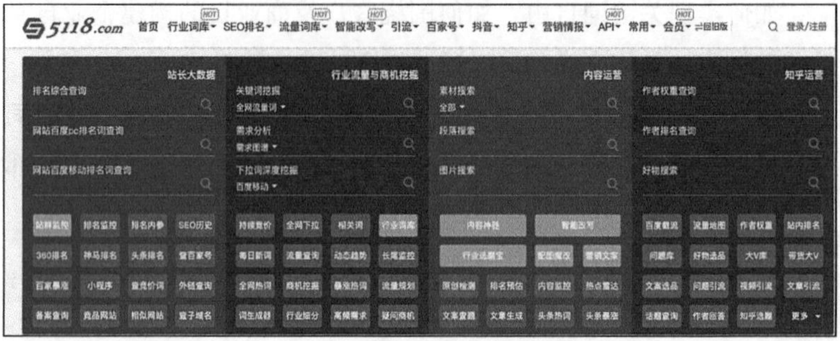

图 4-16　5118 网站

在选择关键词时，需要关注搜索量及商业转化率。你需要关注周均搜索量，关注关键词与你产品及客户的需求是否匹配。当然，这里还会涉及关键词检索结果排序竞争问题。

在一线实践与咨询过程中，笔者会指导企业分批次、分阶段订立规划，通过各种渠道挖掘、整理关键词库，然后再完成内容输出，最后通过内容数据、流量数据进行关键词取舍与优化。这是一个永无止境、循环往复的过程。

4.9　让内容更容易被分享

内容分发是主动推广的思路，而让用户自发传播、分享内容是做大做强的思路，我们应该通过创造相应的机制来助推内容分发。比如，通过刺激机制让用户自发分享你的内容。

能否撬动用户点击分享按钮涉及多个方面，例如：

❑ 内容是不是精彩？

❑ 分享可以带来什么？

❑ 好友会如何看待他分享（显得幼稚、有品位……）的内容？

简而言之，分析分享动机可以分为关系驱动和内容驱动，如图 4-17 所示。**关系驱动是分享给信任的人，分享行为的目的是维护关系，是外向的；内容驱动是通过个人的行为进行干预，分享行为的目的是实现个人成就感，是内向的。**

沃顿商学院的市场营销教授乔纳·伯杰的《疯传》进一步延展了能疯传的内容必须遵循的 6 个原则：社交货币、诱因、高唤醒情绪、公开可视性、实用性和故事。

1）**社交货币。**能疯传的东西一定具有社交货币的属性。什么是社交货币？就是你分享出去之后，能让别人觉得你更优秀的东西，这样的东西大家都愿意分享。例如有一个生产饮料的公司叫斯纳普，它就利用社交货币为自己做了一次成功的营销。它在瓶盖里面印了一些反常识的小知识，比如"据说袋鼠可以向后跳跃""据报道，每个人一生中平均都要花两周的时间等红绿灯"等。这样的小知识既开脑洞，又有趣，只要你买了饮料打开瓶盖就能看见，没买的人则看不到。所以，就会有很多人买了饮料之后把瓶盖的内容分享出去，从而形成了传播。

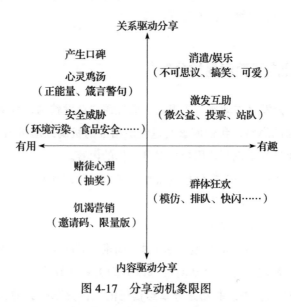

图 4-17 分享动机象限图

2）诱因。这个诱因起到的作用就是激活你的购买欲望，而且大多数情况下你是无意识的。某些研究表明，超市里放法国音乐的时候，人们买法国红酒的概率高；放德国音乐的时候，买德国红酒的就多。也就是说，音乐能在无形中影响商品的销售。在 1997 年的夏天，玛氏突然发现巧克力条销量猛涨，但是它并没有做任何市场营销，甚至连促销活动都没有做。后来发现，销量突然上涨的原因是当时媒体在大量讨论宇航员能不能登陆火星。火星的英文恰巧和玛氏是同一个词。当媒体铺天盖地报道火星的时候，消费者购买玛氏巧克力条的欲望也被激活了。这就是诱因对事物疯传起到的作用。

3）**高唤醒情绪。高唤醒情绪既包括积极情绪，也包括消极情绪，如敬畏、幽默、兴奋、生气、担忧，这些情绪会自然而然地唤醒人们传播、分享的冲动。**典型例子就是苏珊大妈。第一次参加英国"达人秀"节目的时候，苏珊就是一个俗气、丰满的家庭主妇，并不是招人喜欢的类型。但是，当苏珊一开口，全场观众都被她的歌声震撼到了，并不禁对这个土里土气的家庭主妇心生敬畏。果然，没多久，网上到处都是苏珊大妈的视频。

4）**公开可视性。**即你的内容必须能在公共场合被讨论、看到。这样一来增加了口碑传播的机会，二来能刺激人们购买。耐克生产了一批黄色的腕带，六个月就卖掉了 500 万条，最终一共卖掉 8500 万条，销量惊人。这个事件的公共可视性就很强。第一，它背后有一个大众乐于传播的故事：环法自行车赛车手兰斯被诊断出癌症，只有四成活下去的机会，但是，他不仅战胜了病魔，还重返赛场，连续获得了五届环法自行车赛的冠军，而这个黄腕带正是为他设计的。第二，黄色没有性别限制，而且闪亮耀眼，很容易在大街上形成群体效应，看到大家都有，你也会想买。所以最终腕带供不应求，价格甚至一度炒到了原价的 10 倍。

5）**实用性。毋庸置疑，有用的东西大家都爱看，也都爱分享。**美国有位名不见经传的农民，他没什么特别之处，唯一的特点就是只靠吃玉米为生，几乎吃遍了所有玉米能做的食物。网上有一个关于他的视频，点击量超过了 500 万。视频的内容就是教你怎样用 5 分钟毫不费力地去掉玉米上的玉米须子。这个视频是他的儿媳妇给他录的，一放到网上，就成为热点视频，因为实用性很强。

6）**故事。有故事的事件更容易传播。**乔纳·伯杰关注的话题是社会网络中个体之间的交流传播行为，而奇普·希思关注的话题是如何让内容或者信息更具有黏性，走入用户心里。应该说两人的努力很好地解决了社会网络中内容的分享以及分享背后口碑推荐与传播的困惑。

4.10　围绕消费者购买决策过程做内容

什么样的内容才是好内容？能解决企业经营问题的内容才算好内容。营销与销售数字化中的关键问题是获客、增长、品牌等问题。如果你想体系化解决这些问题，就要围绕消费者购买过程做结构化批量的内容，以辅助消费者群体进行决策。

4.10.1　AIDA 模型

辅助消费者购买过程需要行为理论的支持，业界有多种这样的理论，例如最早的 AIDA 模型。消费者从接触外界营销信息到完成购买行为，根据消费者反应程度的不同，可将购买过程划分为注意（Attention）、兴趣（Interest）、欲望（Desire）和行动（Action）4 个连续的阶段，如图 4-18 所示。

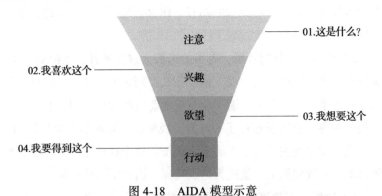

图 4-18　AIDA 模型示意

可以从李小姐的购买过程来看 AIDA 模型及内容营销需要努力的点。

1）有一次罐子砸到李小姐的头上，这让她决定改造厨房（注意）。

2）李小姐登录小红书和抖音，通过搜索标签"＃厨房改造"来获取厨房改造的想法（兴趣）。

3）李小姐在社交媒体上多次浏览并保存所有她喜欢的想法，并开始在百度上寻找所在城市能提供相关服务的企业（欲望／考虑）。

4）李小姐厌倦了在线浏览并返回微信寻求厨房设计师的建议（注意）。

5）李小姐在百度、大众点评、小红书上搜索推荐的厨房设计师的评论和项目（欲望／考虑）。

6）李小姐挑选了她最喜欢的设计师并联系公司，询问更多信息（欲望／考虑）。

7）在与设计师会面并讨论需求后，李小姐签约进行厨房改造（行动）。

8）李小姐在小红书、微信公众号、简书上记录了她的经历（分享）。

9）两年后，李小姐的主卧室因屋顶漏水而被毁，她跳过注意和兴趣阶段，直接致电改造商索取报价（欲望／考虑，行动）。

4.10.2　AISAS 模型和 AARRR 模型

社交媒体时代的 AISAS（Attention、Interest、Search、Action、Share，注意、兴趣、搜索、行动、分享）模型是从信息检索及社交分享角度看待营销行为的，如图 4-19 所示。关键入口是两个 S，即 Search 和 Share，这两个环节都是用户主动去做的。**AISAS 模型属于移动互联网时代的产物——专注于线上消费者的决策和购买路径。**

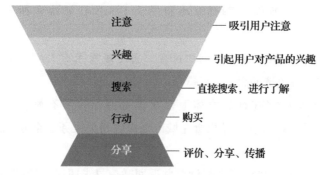

图 4-19　AISAS 模型

之后又演化出产品及客户运营角度的 AARRR 模型，即获取用户（Acquisition）、用户激活（Activation）、用户留存（Retention）、用户变现（Revenue）、用户推荐（Referral），俗称拉新、促活、留存、转化、裂变，如图 4-20 所示。

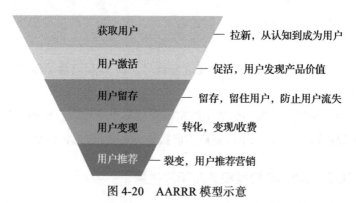

图 4-20　AARRR 模型示意

4.10.3　漏斗模型

数字销售与营销过程融合后又出现了漏斗模型。"漏斗"是一种形象化的比喻，是指将客户从认识产品或服务开始到实际购买为止的过程划分为不同阶段，并以类似漏斗形状的倒三角形的形式表示出来，如图 4-21 所示。

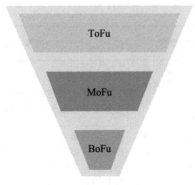

图 4-21　漏斗模型示意

漏斗模型可以分为漏斗的顶端 ToFu（Top of the Funnel）**、漏斗的中部 MoFu**（Middle of the Funnel）**、漏斗的底部 BoFu**（Bottom of the Funnel）**。漏斗的顶端为注意阶段，漏斗的中部为兴趣阶段、欲望 / 考虑阶段，漏斗的底部为行动阶段。**

　　随着客户越来越接近购买环节（在购买流程的后半段），客户数量会逐渐减少。也就是说，越接近漏斗底部的客户，购买产品或服务的可能性就越大。为了增加销售额，必须考虑如何增加漏斗底部的客户数量。

　　在一线执行过程中，笔者会把漏斗模型、AIDA 模型、AISAS 模型融合起来指导企业的内容营销执行与战略规划，如表 4-1 所示。

表 4-1　内容营销执行与战略规划示例表

购买过程 阶段	内容的价值	内容建议
注意阶段	为需要发现你的人做内容。将内容传递给目标受众	通过内容开展搜索引擎优化，拦截需求入口 输出常规内容，给出观点，分析趋势 生产能体现洞察力和观点的内容，采用短视频、直播等形式 篇幅较长的内容（如白皮书）可以吸引专业受众

（续）

购买过程阶段	内容的价值	内容建议
兴趣阶段	为即将了解你的人写内容。内容必须吸引他人，从而建立品牌认知	以商业目的为中心的内容，如白皮书、视频、电子书，通过社交媒体、直播等对具体事件和活动进行现场报道与传播
欲望 / 考虑阶段	为你想转化为客户的人做内容。要体现出客户需求、客户想解决的问题和诉求	持续分享观点，阐述案例与证据 内容形式以客户证言、客户成功案例、产品与解决方案类白皮书为主 针对用户心中的疑虑，用有数据的内容进行坦诚解答
购买阶段	未来让客户下单购买，降低交易摩擦，促成交易	举行在线研讨会、现场活动，以及针对具体案例在技术细节和问题层面进行研究与论证 通过面对面销售、提供产品小样和说明书、常见问题答疑或展示更多细节来打消客户疑虑 内容包括优惠券信息、免费试用信息、价格方案、更划算的购买方法，以及购买常见问题解答
购买后阶段	口碑裂变，通过行动证明客户做出了正确的决策。培养新关系，将客户转化为企业的拥护者与口碑传播者	以社交媒体等方式发送优惠券或发出私域社群邀请 征集使用心得与产品反馈 与客户构建连接，共享企业发展与新产品信息 针对老客户提供定向优惠活动

　　客户认识到自己有某种需求时，是购买决策过程的开始，这种需求可能是由内在的生理活动引起的，也可能是由外界的刺激引起的。例如，看到别人穿新潮服装，自己也想购买。因此，营销者应注意不失时机地采取措施，唤起和强化客户的需求。我们可以努力激发客户在微信、抖音等社交媒体平台上分享内容的热情，从而激发更大范围用户的潜在需求，获得更多注意力。

　　兴趣阶段的典型特征是客户会积极搜寻信息，所以企业应该在客户的各种内容获取渠道投放更具吸引力的内容。

　　当客户触发了购买的需求后，他们便进入欲望 / 考虑阶段，此时他们将搜索更专业的信息并进行分析研究。在这个阶段，企业应该做的是通过熟悉的传播通道，用专业内容来影响客户决策。这个阶段应该重点关注如下 3 个问题。

❑ 客户的购买动机是什么？

❑ 内容传播的渠道有哪些？

❑ 客户想要搜寻的内容有哪些？

为此可以在不同的触点（如图 4-22 所示）上，通过提供相关内容，辅助客户完成购买决策。记住，不同的平台具有不同的"气质"，会匹配不同的客户诉求。例如，小红书提供的多是消费体验、种草功能；搜索引擎提供的是产品与解决方案；知乎主要为专业人员、产品参数研究型内容提供发布功能。

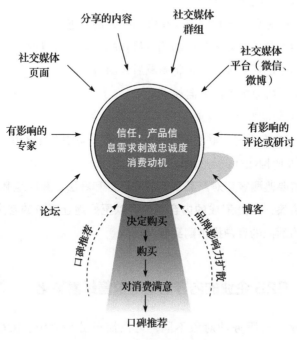

图 4-22　内容触点

客户检索的信息可能是自相矛盾的，因此个人会进行分析、筛选和判断，这时其实就算进入购买阶段了。客户会考虑产品相关性能的问题，不同客户对产品的性能给予的重视程度不同，评估标准也不同。但是你可以通过相关内容来影响、引导客户完成购买。

客户在对各种内容进行比较后，会逐步形成购买意愿，这一步是实现从购买意图到决定购买的关键。

在购买阶段，你应该重点关注如下内容。

❑ 客户成功案例。

❑ 客户的购买标准和关注指标。

❑ 客户对网上内容与沟通内容点的态度。

❑ 竞争对手的卖点。

经过努力后，客户完成实质性购买，然后进入购买后的评价阶段。购后的评价又是客户新的购买旅程的开始，可以说这个阶段不只影响当下的销售业绩，也将影响后续的购买。

购买后阶段的关注方向如下。

❑ 如何激发客户自拍、分享与传播行为？

❑ 客户有没有不满意的理由？若是有，集中在什么方面？

❑ 如何构建社群与私域认同感？

你需要监测客户对产品及企业的评价和看法，并因地制宜地给出解决方案。**因此形成的内容不仅可以更好地让既有的客户满意，还可以为后来的客户提供购买参考。**

4.11　B2B 企业的内容营销与销售线索转化

企业针对服务的对象不同，可以简单分为 B2B、B2C 两种，其中 B2C 企业面向的服务对象是个人，而 B2B 企业面向的服务对象更多是采购商、政府、企业等机构。

4.11.1　深度理解 B2B 内容营销

与 B2C 相比，B2B 购买行为与过程具有如下不同之处。

❑ B2B 的服务对象购买周期长，从信息收集、购买选择到真正购买，时间跨度往往达数月之久。

❑ B2B 购买决策由多位参与者共同负责，一般非一个人决策，更多的是团队决策。

❑ B2B 购买过程复杂。

典型的 B2B 类采购与销售过程如图 4-23 所示。

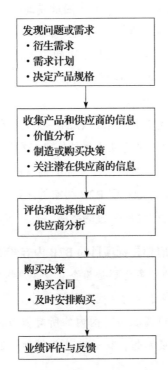

图 4-23　典型的 B2B 类采购与销售过程

面向企业或机构进行内容营销，我们应该如何做呢？我们需要从目标客户下手，还原不同的购买过程，企业存在疑问或需要帮助的地方，就是内容营销的出发点。例如，可以基于下面一些问题开展内容营销。

- ❑ 采购中的哪些问题使企业决策人彻夜难眠？
- ❑ 关键决策人从哪些渠道寻求信息或者新闻，行业杂志、特定的网站还是其他？
- ❑ 目标客户是什么样的组织？常规购买决策是怎样做出的？
- ❑ 企业会用什么词语或行业词汇来搜索信息？
- ❑ 企业最看重的解决方案中包含哪些元素或产品特点？
- ❑ 在整个购买周期中，企业会渴求或询证什么内容？

B2B 内容营销的思路是顺着企业采购过程，为潜在的企业客户提供其感兴趣的内容，帮助其解决问题（认知类、解决方案研究类、成功客户案例类等），这样便会在无形中影响企业，获得招投标、邀标及采购的机会线索。

B2B 买家也是欣赏有价值内容的一类人。他们想学习新的东西，或者想找到一种新的方法来做他们已经在做的事情。因此，请确保你的内容包含有用的信息，让你的内容有趣、有价值和相关，这样你就可以毫不费力地吸引 B2B 买家的注意。

下面看一个笔者曾经服务过的案例。

政府招投标项目的 B2B 内容营销

当时这家企业的业务主要是为企业或政府提供布展设计、展示馆设计服务。企业在专业的空间和展厅设计上具有很高的水准，也是世博会设计的供应商。当时国内的所有城市都在积极搞城市规划，建设城市规划展示馆，该企业希望借助这次机会拓展政府的项目。

城市规划示意图

企业面临的挑战是：规划展示馆设计、布展的概念在国内属于新领域，政府不知道有专业的供应商，不知道规划展示馆设计、布展要找谁。该企业刚进入中国不久，政府对它没有认识；企业需要影响的人比较分散，包括省市领导、建设局及规划局领导、负责招投标的工作人员，甚至包括城市规划展示馆的建筑、施工单位。

结合实际情况，笔者建议该企业从目标客户人群下手，从一个规划展示馆项目下手。当时了解到政府做城市规划展示馆，先是进行建筑招标、建筑施工，然后在既有的空间上进行展厅设计。展厅的设计一般都是由建设局、规划局的中层领导提交招投标的要求，书写标书并邀请投标来完成的。

这家企业在互联网上发布了大量如下主题的文章：其他城市规划展示馆情况、规划展示馆布展的注意事项、规划展示馆布展方式、规划展示馆布展的关键点等。该企业在目标客户经常检索的关键词、关键问题上下足了功夫，提供了类似《中国规划展示馆精品赏析》《规划展示馆招投标的三部曲》《规划展示馆布展项目工程注意事项》《全球优秀的规划展示馆布展案例分析》等文章或白皮书，通过优化搜索引擎或相关传播渠道，抢占了用户获得信息的入口。

通过上述操作，该企业帮助政府相关工作人员获得规划展示馆布展的信息，在这些信息中彰显了企业的专业度，无形中引导政府工作人员向企业倡导的标准靠拢，并塑造了企业在行业的知名度，让企业的名称成为整个行业的代名词，为后续的商业发展做了很好的铺垫。

4.11.2　B2B 内容营销的关键是成为行业首席知识官

一切营销皆是知识营销！B2B 内容营销的关键是成为行业首席知识官，塑造自己的权威地位，获取影响力。

你不仅要知道公众能够获取哪些知识，还要知道如何用尽可能丰富的形式把它们表达出来。从白皮书开始，以 PDF 格式制作几份有关你的主题的报告，每份的长度为 3 ～ 10 页。假如你是一个印刷商，那么你的白皮书就可以简单地讨论如何利用特殊的纸张、字体、装饰和颜色来给人留下专业的印象，从而帮你在众多印刷商中脱颖而出。**你发布的内容细节越多，越显得你专业、经验丰富。**

如果你提供的专业内容对读者有用，就会提高转化率。无论如何，要确保你的企业名称、地址和电话以含蓄的方式出现在广告底部，例如你可以这样写：如果对如何有效印刷还有疑问，那就请把问题发到 ×××。

你可以通过如下 5 种内容来展示你的专业性。

1）**循序渐进型内容——通常是为了帮助客户完成特定过程而编写的。**这样的内容非常有针对性，包括可视化图表或视频教程，通过教学与知识来触发采购与营销线索，例如《企业私域流量经营从 0 到 1 白皮书》。

2）**指导型内容——旨在帮助客户理解他们不熟悉的主题或内**

容。这类内容可以分为初级、中级和高级三类。与循序渐进型内容不同，指导型内容的传播范围更广，例如《ABM 营销线索转化为销售的三个路径》。

3）应用型内容——侧重于介绍如何利用流程或主题知识来完成可能不相关的目标。如何将网络流量转化为合格线索的文章、播客、视频、网络研讨会或白皮书都属于这类内容。

4）战略思想型内容——侧重于构建业务案例，说明为什么应该由你落地相应的系统或技术。这类内容面向关键决策者，是一类很受欢迎的 B2B 营销内容。切记，你的目标是成为行业的思想领袖。

5）意见或评论型内容——引起注意最简单的方法是创作内容来讨论有争议的立场或意见。对于这类内容要提醒一点，不要伪造内容，要保持与企业身份相应的调性。

总之，确保你写的每个主题都会让潜在客户在看到标题时就产生"哇，我真的需要读一读"的感觉。

Kadient 是一家卖企业销售管理软件的公司，其业务依赖销售人员进行线下销售。市场部门通常制作了内容就扔给销售人员，但这些内容并不是销售人员想要的。另外与许多 B2B 公司一样，Kadient 因为销售周期长而苦不堪言，将潜在的客户培育到最后成交，整个销售过程往往需要半年到三年。

基于上述原因，Kadient 为销售周期中的每一个阶段制作相应的内容，并力求将每个阶段的内容都解读清楚，以便在整个销售过程中与客户进行有效交互。企业针对性制作电子书、行业白皮书和视频来聚焦那些想了解 Kadient 的潜在客户及将 Kadient 纳入选择范畴的客户。

Kadient 构建了内容矩阵，制作的所有内容都有特定的目的。

Kadient 制作了视觉上具有冲击力、可读性强的电子书，如《深入研究你的销售标准——发现营销背后宝藏的四种方法》帮助客户理解销售过程。Kadient 的行业白皮书着重解决购买者关注的问题。其中一份白皮书名字就叫"销售不管用吗？"，该白皮书通过回答"销售过程中存在一些固有的错误，是否需要进行改革？如果进行改革，如何开展？"这一核心问题，吸引了那些忙不过来的销售副总裁们。

Kadient 也通过制作个性化、带有幽默感的视频来传递企业价值，例如，《一个销售副总裁的忏悔》描述了一个销售副总裁在牧师面前的忏悔："天呀，我做过的最坏的事情就是当老板要我告诉他各个渠道的商业情报的时候，我居然编造了一些内容来骗他。"视频背后的潜台词是销售团队经常犯错误，但 Kadient 可以解决这些问题。

4.11.3　B2B 内容营销的关键：成功客户案例研究

为什么你现在必须开展客户案例研究与整理工作？

1）成功客户案例是影响购买决策的关键，尤其是 B2B 类购买决策。

2）成功客户案例本来就在内容营销的故事营销范畴中，而且这种形式的内容更容易被客户理解。

3）成功客户案例会让客户产生同理心。成功故事能使客户理解案例中客户所面临的问题或挑战——因为在许多情况下，他们面临着类似的问题。为此，成功的客户案例相较于其他内容形式，具有更高的可信度。

4）成功客户案例可以将积极的客户意见转化为能证明你价值的有形数据。根据调查，60% 的营销人员都认为成功客户案例是最受信任的内容类型之一。

5）成功客户案例可以精准筛选特定的客户。将客户成功故事作为关键营销工具的企业，会为每个类型的受众量身定制多个故事。

开展成功客户案例研究和发布的方法如下。

1）拟定清晰的标题：标题应该提供最重要的信息。

2）概述案例：在顶部显眼的位置放置清晰信息，包括客户的名称／行业、使用的产品／服务以及结果统计信息。

3）介绍客户：用几句话描述客户背景和案例亮点。

4）陈述问题／目标、后果以及客户的犹豫。

5）给出解决方案：分享客户是如何找到你的，为什么选择你，选择了什么解决方案，以及该案例是如何实施的。

6）描述结果和好处，以及由此产生的额外价值。

7）给出结论：分享客户的额外赞誉以及对其他人／企业的建议。

精心设计的成功客户案例能够触及读者的内心，在买家的购买旅程中创造奇迹。许多 B2B 企业还没有把成功客户案例研究提到应有的高度，但你的竞争对手很可能正在有效地利用榜样的力量，从而获得销售优势。

一系列有效的成功客户案例影响力巨大。比如，许多潜在客户需要验证供应商的解决方案能否解决其面临的业务挑战，而成功客户案例就是这方面的有力证明。

4.11.4　B2B 内容营销的 5 个策略

如何做 B2B 内容营销？这也是有经验可循的。这里给出笔者总结的 5 个策略。

1. B2B内容要切题

忙碌的商务人士没有时间浪费在工作之外。即使 B2B 类文章写得引人入胜，如果读者在第一段之后无法分辨文章的去向，他们也可能停止阅读。切中要点意味着你的内容和幽默需要有一个重点，这从一开始就必须很清楚。

2. B2B内容写作一定要专业

B2B 内容是专门应用于办公环境的内容，而 B2C 内容大多数都是读者在放松状态下阅读的内容，所以 B2B 内容需要保持语言专业、简洁。符合阅读环境和场景的内容更容易打动对应的读者。

3. B2B内容需要有针对性

B2B 受众往往比 B2C 受众更专注，所以 B2B 内容要比 B2C 内容更具有针对性。你可以分析受众的具体痛点，然后以非常有针对性的方式去解决问题。这样量身定制的内容可以引起目标受众的共鸣。

B2B 更多聚焦关键决策者。这意味着你撰写的内容必须具有高质量才能说服他们采取行动。因此，请花点时间精心设计内容，只有这样的内容才能吸引目标受众的注意力，帮助他们深刻理解与你合作开展业务的好处。

铟泰的内容营销，只针对小众人群

铟泰（Indium）是一家特殊合金和焊剂的制造商、供应商，它向全球范围内的电子、半导体、太阳能和其他市场出售相关原料，其官网如图 4-24 所示。

图 4-24　铟泰的官网

　　锢泰认识到社交媒体的重要性，最终选择从博客开始基于专业知识做内容营销。锢泰先通过关键词搜索，找到所处的细分行业常用的热门关键词（列出几十个），这些关键词都是潜在客户可能会搜索的，而且搜索这些关键词的人基本都是行业内的人。锢泰认为，充分利用这些关键词可使自己获得较多的商业机会。

　　锢泰针对这些热门关键词生产和发布内容，核心是围绕这些热门关键词做深度的阐述并提供价值，同时关注采购人员关心的问题和阅读的口味。例如，某生产主管写的有关易熔合金的特殊属性的博客文章，除了会发布到他自己的博客上，还会发布到锢泰企业博客中有关易熔合金的子栏目下。经过不断积累，"锢泰"成为所在行业的重点关键词和网络内容的聚集地。锢泰取得的效果最终体现在企业销售额上，与锢泰联系的客户增加了 60%。

　　锢泰发动全员参与内容建设，无形中培养了一批行业的意见领袖，在不同的细分领域都具有一定的影响力，员工的魅力嫁接到企业，两者交相辉映最终奠定了它的江湖地位。

4. B2B内容需要易于分享和推广

　　商务人士不会浪费同事或客户的时间，所以他们不会阅读也不会主动分享价值不高的内容，但他们会分享真正引起他们兴趣的东西。而若是有价值的内容没有配备更好的分享通道，那效果也会很差。让你的 B2B 内容易于访问和共享，对于充分发挥它的价值至关重要。你需要针对搜索引擎和社交媒体进行优化，以确保你的内容可以被目标受众轻松找到并分享到他们的圈子。

5. B2B内容必须与企业的整体营销战略、目标相结合

　　确保你的写作风格与企业的品牌调性相匹配。内容营销是在匹配 B2B 营销战略背景下开展的系列行动。如果只是因为行业内的其他人都在做内容，所以你也跟着创建内容，没有做战略规

划，没有制定合理的目标，那么你所做的内容营销的投资回报率
会非常低。

4.12　本地化内容：吸引你周围 3～5 公里内的客户

在数字化时代，如何有效吸引你周围 3～5 公里内的客户？
这是零售店、餐饮业、银行业、美容院、汽车 4S 店等企业未来 10
年需要解决的关键问题。这些企业所做的本质上都是基于本地化的
商业，常常做的就是所在位置周围 3～5 公里内的生意。

4.12.1　为什么有效吸引 3～5 公里内的客户很重要

许多从业者的认知是：网上营销更多的是面向全国，覆盖面
广，对于本地化尤其是单一店面周围 3～5 公里内的线下生意没
有用。其实这是大错特错！在网上进行的营销与传播行为是可以做
到本地化、垂直化、精准化的，只是你需要掌握正确的方法。这是
一种能力，而不是灵光乍现的操作。

不管是促销还是新品上市，你都需要考虑如何通过内容营销，
以低成本的方式更为有效地影响周围的客户。这种能力是每家零售
店、餐饮店、银行、加油站、美容院的领导以及相关人员在数字时
代进行营销与运营时必须具备的。

总部是没有办法通过营销为每家分店（尤其是拥有几百甚至更
多家分店）提供支持的，更不可能影响每家分店周围 3～5 公里内
的客户。单店日常运营，无论是拉新、激活还是进行其他相关经
营，都不能仅靠自然流量，也就是不能等客上门，而是需要有数字
化营销和本地化获客的能力。不能停留在线下发传单以及传统的引
流方式上，这些营销方式已经落伍了。

本地化内容营销策略的好处如下。

- ❏ 可以接触到更多的本地人。
- ❏ 与以前可能没有听说过你的业务的人建立信任。
- ❏ 可以更容易被本地访客或新来者识别。
- ❏ 提高企业在本地搜索和 SEO 的权重。
- ❏ 在本地人中建立数字化连接。
- ❏ 增加了与理想客户互动的机会，抢占客户心目中的认知空间。
- ❏ 有更多内容供你分享。

4.12.2　本地化营销内容应该写点什么

撰写吸引本地人的内容的关键是创建本地人特别感兴趣的内容，例如与你的企业所在城市或城镇相关的内容，或者围绕你所在地区的人们正在搜索的热门关键词创建内容。

1. 与业务相关的内容

对于北京朝阳区的一家美容院来说，针对本地客户，以下主题及内容将非常有意义："望京的美容院：孕后恢复的分步指南""望京美容纠纷案件增多：去年 17 项令人大开眼界的统计数据"。对于餐饮店来说，类似"北京朝阳区的 TOP5 中餐厅：5 种你今天需要尝试的美味食谱"这样的文章会更有意义。

简而言之，你要关注本地化受众的问题，并尝试改变你的内容，在你的内容中提供可操作并能有效解决问题的解决方案。

2. 关于你的专长的内容

你可能比大多数客户更了解你的业务。与你的客户分享你的专业知识，方法是在内容中发布客户可能认为有用的内容，例如"操作方法"，或为他们可能遇到的问题提供解决方案。

3. 本地化事件和活动——本月在你的城市发生的事情

创建你所在地区的事件和活动列表，这种内容可能会在社交媒体上获得本地人的大量分享。你可以紧紧围绕店铺 3 ～ 5 公里内的市场情况与变化来创作内容。例如，图 4-25 所示这篇文章就是紧紧围绕广州棠下城中村人群展开，你可以想一想：如果你的生意就在棠下，那么这样的内容是不是很精准呢？

图 4-25　本地化营销示例

4. 分享本地客户的成功故事

最典型的客户成功故事是介绍客户的变化，比如分享客户项目前后的图片。如果你是建筑商或装修商，那就分享装修前后的对比内容；如果你是美发师，那么就分享客户美发前后的变化，以及对你的看法；如果你是园丁，那么可以分享景观美化前后的对比照片。

5. 本地化专家访谈类内容

你要采访的是本地化标杆企业，以及相关领域的企业家、研究人员、意见领袖、KOC。简而言之，在某个领域，若是某个人或某家企业只要发布相关内容就会得到广泛关注，那么这就是你的采访对象。

6. 重写你所在地区的热门文章

"好的艺术家临摹，伟大的艺术家窃意"，这是毕加索的一句名言。虽然说写出原创内容很棒，但看看其他人做得好的内容并为自己的客户量身定制相关内容，通常也是有意义的。

为此给你一个建议：**你可以收集整理全网所有点击量高的本地化内容，进行定向拆解与结构化模仿，加入你所在城市的信息及本地化地标，效果会非常明显。**

7. 分享你的故事

介绍你自己、你的业务并分享你的故事，尤其是你发布的第一篇内容，这是一个好的选择。你是如何开始的？是什么让你与众不同？关于你的商业之旅，有什么有趣的事吗？围绕类似的话题，写出你的故事，会使你的品牌更加贴近人心，让你的企业给人的感觉更加友好、积极和平易近人。这正是本地购物者喜欢的内容类型。

百年松鹤楼，一碗苏式面。很多年轻人可能不知道，苏帮菜馆松鹤楼原先是一家面馆，因焖肉面、卤鸭面等苏式面点而闻名，它的卤鸭面被评选为"姑苏十碗面"。在漫长的品牌历史中，松鹤楼也承载了不少的名人趣事，这些故事为品牌注入了浓厚的文化底蕴与人文情感。

例如，乾隆皇帝下江南"大闹"松鹤楼，促成了招牌菜"松鼠鳜鱼"的诞生，这个故事让松鹤楼充满了民间智慧，并彰显了松鹤楼对菜品的精益求精；《天龙八部》中段誉、乔峰在松鹤楼斗酒结义，又为品牌增添了不少豪气与浪漫的英雄气质。

在门店环境上，松鹤楼采用新中式的设计风格，店内使用园林中常见的框景、屏风、竹子等元素，整体显得非常精致；大量使用木质结构，营造古朴质感，通过细节摆设凸显江南意象。

松鹤楼是用故事与美学设计来吸引客户的典范。

4.12.3　本地化营销内容分发与传播

本小节介绍本地化营销内容分发与传播的几种典型方法。

1. 查找本地网站以发布你的内容

找到本地网站来发布你的内容，例如大众点评、58 同城、抖音、小红书以及各个城市自己的本地化网站。

2. 使用位置标签

社交媒体是吸引本地客户的好方法。为了获得本地客户，请在发布内容时使用位置标签。位置标签会帮你将信息放在地图上，让本地客户更容易在众多平台上找到你。**你需要把每个零售点 3 ～ 5 公里内所有的路、关键地标、小区的名字通通写出来，在这个基础上再加上以你的产品、用户的需求等为切入点的关键词。**

例如，图 4-26 所示的这篇文章就聚焦于北京市东城区和平里，通过和平里标签以及本地化内容迅速吸引和平里的客户。

图 4-26　位置标签 + 本地化营销案例

3. 平台优化与入口卡位

你需要完成搜索引擎、视频平台的优化工作。在百度、抖音、小红书、视频号等相关平台入口牢牢卡住相关的小区、城市以及周围与产品和服务相关联的关键词。

你可以通过标签或者为短视频写出的 200 字以上的本地化元素标题来精准覆盖本地客户，以此为获得长尾流量奠定坚实基础。

4. 抖音同城，精准投放

关注本地化社交媒体发布的内容，不仅可以帮助你为受众创建更好的内容，还可以让你更轻松地向合适的人推广你的内容。你只需要关注目标区域的热门话题，并在抖音、视频号、小红书、今日头条等社交媒体平台上推广你的内容。

抖音同城是查找热门话题的关键场所，可以帮你准确了解本地化的受众在谈论什么，并进行精准投放。

5. 做私域流量，运营自己的客户关系

把老客户拉到本地群里，记住不要简单地发广告。如果你没有运营能力，那么你的社群的主要功能是发布私密优惠券、福利等有价值的信息，直接导向销售，不做其他无用功，也不骚扰客户。这是许多没有社群运营能力的团队及组织的不二选择。

有可能的话，你可以潜伏到相关的小区业主微信群。这样，你可以为未来的商业内容传播打好基础。

6. 零售点的销售以及客户服务人员的个人朋友圈

通过人情关系网络向具有信任关系的客户传播消息，也成为本地化商业促销、新品上市等相关信息对外渗透的关键。也许这种传播方式的传播量不大，但非常精准。

7. 线上营销与线下营销相结合

在线内容营销活动与本地线下活动是一个非常有效的组合，比

如通过在线分享本地线下活动的照片，不仅可以让内容极具亲切感与传播力，还能吸引精准客户。

8. 与本地有影响力的人联系

你认识本地或社区中有影响力的人吗？了解与吸引这群人，并为他们提供免费服务或产品。也就是让具有强大本地影响力的人尝试你的业务，这意味着他们可能会认可你的产品并做推荐。

你可以让内容本地化，让业务本地化，让世界更美好！

4.13 内容生产制度化

本节我们先从一个真实的案例开始。

4.13.1 一个真实的案例

对于如何组织生产内容，笔者常常会给企业家讲一个有趣的标杆案例，这是山东农村"自媒体村"李传帅的故事。

很多企业都有畏难情绪，会说"我们没有团队，没有人会做"，当你看到山东一个普通的农村——李庙村的李传帅通过临摹和刻意的培训，将传统意义上的农村女性培养成为自媒体大 V 时就不会这样想了。李传帅训练互联网内容选题、编辑、发布与创造能力的路径值得你学习。

"农村妇女之前什么也没学过，所以我会对她们进行一次为期 3 个月的培训。开始的时候她们都用一根手指去打字，我需要从基本的打字手法开始教她们。"李传帅告诉 AI 财经社，"培训的另一重点是抄写大 V 号的文章标题，目的是让她们直观体会大 V 怎么写文章，怎么分析东西。她们学得很认真，每天早晨起来先抄写 30 分钟，在这个过程中去体会各种奥妙。""要不然农村妇女写出来的东西怎么能做到那么高的阅读量？一直在抄写，每个人都抄写一年了。"李传帅语气笃定，"我们的标题不比任何人差！"

这群农村自媒体创业者基于内容实现了高收入，算是紧贴时代发展步伐发家致富的典范。员工的收益多数来自平台补贴。**一份贴在墙上的工作制度显示，每个员工至少要负责运营 3 个公众号，一个月至少完成 15 篇内容，否则罚款 500 元。新人需每天手动抄写8 个标题。**

在做企业咨询教练时，笔者会将这个朴实的案例中提到的重点——从临摹开始创作内容，应用到企业实践中。例如笔者经常安排企业中的相关人员做下面这些事：

- ❑ 抄写爆款文章的标题；
- ❑ 拆解短视频平台上过百万点赞的短视频；
- ❑ 观看直播红人带货，学习直播带货技巧与销售话术。

通过一系列的临摹和肌肉记忆，企业会发现创作好的内容并没有那么难，只要不断迭代，就可以迅速获取竞争优势。

4.13.2　如何实现内容生产制度化

在内容制作这个步骤，企业遇到的最大问题是：到底应该由内部生产内容，还是请外部专家帮忙？初期你可以请第三方机构帮忙，长期来看，内容必须自己做。

内部专家型员工生产内容的一个最大好处是，他们对企业文化、产品、服务以及受众非常了解，往往能生产出最适合企业的内容。这类内容更容易和消费者建立有效沟通。但是，由企业内部专家型员工来创造内容有以下难题。

- ❑ 专家型员工虽然对自己的业务非常精通，但是不一定能够用简单的语言写出来，即使能表达出来，也可能自己无法

或者不擅长以视频等多种内容形式呈现出来。做这些内容
要耗费很长的时间，每个员工都有自己的工作，不可能在
这方面无限投入。

❑ 专家型员工对短视频、微信、微博以及行业论坛等工具存
在天然抵触情绪，不知道怎么合理应用。

尽管有以上种种问题，但是笔者在和企业一起制定内容产出方
案时，发现一些方法还是非常有效的。

1）**找到最合适的人，给他时间和空间为企业制作内容。**找到
这样的人是不容易的！我们需要与不同部门充分沟通，充分了解各
个部门的同事的兴趣爱好，以及对平台工具的熟悉程度。找到这些
人后，你需要与他们进行沟通，听取他们的意见，鼓励他们并修改
其工作内容，给他们留出更多创作内容的时间。

2）**设计合理有效的内容生产培训体系。**没有拍摄过短视频，
没有写过微博、博客，没有做过网络社区或者社交网络平台管理的
人可能不会了解相关操作的技巧，而且实际操作比听起来难多了。
企业在筛选了第一批"内容先行者"后，需要设计不同的培训机
制，如 30 分钟的微信文章写作训练、30 分钟用短视频拍摄并修改
图片的课程、建立案例学习小组等。基本技能培训得差不多后，企
业可以再设计更高级的课程，让"内容先行者"掌握更高级的技
能，如视频编辑、设计软件应用等。企业需要对内容传播的数据时
刻监控，以便为更新、调整内容提供依据。

3）**建立官方的奖励机制。**推进一段时间后，企业一定会看到
"内容先行者"给公司带来的变化，企业需要适时推出内部的奖励
机制。适时推出有效的奖励机制是保证公司从内向外做内容营销的
关键。

写工作博客、微信公众号文章、微博，监测行业论坛和社交媒
体，是内容创作小组正式工作的一部分。为了内部鼓励，企业可制

作内部内容生产者得分表，用于评估每个人生产了哪些内容，取得了哪些成绩，内容数据表现如何等，这样有利于形成内部竞争机制。企业根据得分表对员工进行鼓励和奖励。比如，招商银行通过奖励的方式来发挥员工的力量。员工可以向内容营销小组投稿，一旦被采用，将获得金钱上的奖励。为了激励员工将自己的智慧贡献出来，企业还可以根据内容的受欢迎程度评选出内容奉献之星。我们也看到，许多企业通过开放式的内容征集，获得了良好的传播效果。

4）**聘请一个专业的编辑来指导工作**。当内部的员工和专家都已经习惯并善于生产内容后，若想把内容营销推向新高峰就需要请专业人士来进行指导。专业人士可以是专业媒体的记者或者编辑，他们可以在企业内部的内容编辑方向、专业的操作手法上提供辅导。

北医三院风湿免疫科的内容生产流程

北京大学第三医院（简称北医三院）风湿免疫科建科之初，全科的每日门诊量仅40人次，如果他们安于现状，那么科室配备三个人刚刚好。但是没有患者就诊，学科发展就如无米之炊，无本之木，无源之水。于是，北医三院决定通过互联网内容来迅速获得患者的认同，提升门诊量。

北医三院风湿免疫科制定了有序的内容流程，持续产出好内容，奠定网络空间影响力。实用的才是好内容。内容一定要贴近临床，解决实际问题，真正让读者有收获。医院微信公众号发表的很多文章的立意都来自患者的提问。如曾经有一位女性狼疮患者提问：要做试管婴儿，需用雌激素促排卵，是否会诱发病情的复发？团队专门针对这个问题写了一篇文章。

领导要求科室所有人员，包括研究生和进修大夫，每个月通过阅读文献资料，把自己认为最实用和最前沿的2篇以上英文文献摘要翻译为中文，直接发给编辑部，并在评估合格后予以发表，写得不好的就直接发回本人重新弄。

另外，科室要求所有参加国内和国际会议的科室人员写听课笔记。开会前，及时通知科室人员，分配任务，分工协作，并要求每人带上录音笔和照相机，回家后进行写作整理，合格的文章予以发表。很多进修大夫在开始阶段觉得不习惯，但后来发现，这样真能学到知识，以前参会要么开小差，要么记不住，白白浪费时间，现在他们参加会议时都会主动要求写听课笔记。

传统的三甲医院不缺患者，但是这些医院在患者营销传播方面确实存在不足。从美国等西方国家的发展趋势来看，国内医院科室层面的互联网社群管理能力是未来科室运营必备的，通过互联网等新工具可和患者构建连接、沟通感情、追踪医疗效果。北医三院的社群构建方向如下。

❑ 通过微信或者其他方式将每日到科室就诊的患者沉淀下来。

❑ 通过有价值、有传播力的内容吸引潜在患者。

❑ 通过朋友圈等社交平台，形成良性的医患交流机制。

随着内容营销的不断发展演进，一些新的命题和趋势正在出现，其中内部的流程和管理对内容的规划、编辑和分发影响最大，比如企业高层或者股东对内容创作的干预。很多公司都存在外行的领导，这些人对互联网内容的策略制定、创作和传播的干预，往往会直接导致方向的偏离。

随着技术和数据越来越多地介入内容营销领域，IT部门与营销部门的合作也越来越多，因此企业需要能够在技术和内容之间起到桥梁作用的人才。尽管许多公司已经开启内容战略，但大部分还停留在实验观望阶段，并没有把内容作为一种能够促进增长的战略性投资。在这些公司看来，内容营销只是一场营销传播活动，而不是一种长期战略。

　　只有打通内部流程，形成内容全链条，内容才算真正融入企业的商业模式，企业也必将因此获得丰厚的商业回报。

　　埃森哲发布的一份针对全球 17 个国家 14 个行业的 1000 多位高级市场营销经理的调查显示，90% 的受访者认为内容营销的策略和执行应该由自己的公司而非乙方公司主导。与乙方相比，品牌自建的内容中心更加容易生产"有价值的服务"。

　　高盛成立的内容制作中心的主要任务不是生产创意广告，而是创造连接公司与客户的纽带。在华尔街投行饱受质疑，发生声誉危机时，高盛任命了一位主管数字营销和社交媒体策略的副总裁，因为高盛明白"有料"比"装酷"更让人待见。这位副总裁上任后，指导高盛内容制作中心推出高盛视点（Exchanges at Goldman Sachs）和高盛简报（Briefings），并让高盛专家利用 YouTube 等平台进行有料、有趣的干货分享。这一系列操作帮助高盛度过了危机。

　　联合利华的内容中心 U-Studio 负责创作消费者所需的"实用内容（Needs Content）"，包括有关产品使用和体验的视频、信息图、用户评测以及其他内容。联合利华的另外一个内容中心 U-Entertainment 则负责创作消费者所需的"激情内容（Passions Content）"，包括自创的电视节目、网剧、音乐以及更符合"90 后"和"00 后"的内容。

4.14　AIGC（GPT-4 类软件）在内容全流程的应用

　　人工智能时代的新营销，少不了对智能工具的应用与实践。近来以 AIGC 尤其是 GPT-4 等为代表的一系列软件可以在文字处理、创意等方面给你提供支撑。下面就以 GPT-4 为代表对人工智能工具赋能内容营销展开叙述。

以 GPT-4 为代表的 AIGC 工具能为企业内容营销带来的价值有如下几个。

❑ **简化内容创作流程。**GPT-4 可以帮助你更快地创作内容，节省你的时间和资源，同时保证拥有一流的质量。这可让你更专注于营销策略的其他重要方面。

❑ **内容更多，质量更好。**通过 GPT-4 生成的内容不仅独特，而且引人入胜、信息丰富。这会带来更好的用户体验和更高的受众参与度，进而帮助你与目标受众建立信任和信誉。

❑ **实现 SEO 目标。**GPT-4 可以针对 SEO 的规则，生成带有丰富关键词的内容，确保在搜索引擎结果页面上获得更高的排名并增加流量。这最终可以帮助你覆盖更广泛的受众并推动更多潜在客户完成转化。

❑ **产生更多创意。**GPT-4 可以开发范围广泛的内容主题和想法，让你的内容永远保持新鲜。这有助于你在竞争中保持领先地位。

❑ **适应不同的内容要求。**GPT-4 可以生成各种形式的内容，例如博客文章、社交媒体文章、电子邮件、视频脚本等，以迎合不同受众的喜好和消费习惯。这确保了跨多个渠道和平台的一致品牌形象。

接下来以内容创作为例，按话题选择、内容制作、内容编辑等步骤展开介绍 GPT-4 辅助我们进行内容实践的过程。

1. 话题选择

我们可使用 GPT-4 进行选题工作，并激发创意灵感。

可以通过提问的方式让 GPT-4 帮助搜索并归纳我们所需要的话题，或者辨别热门话题和受众兴趣点。GPT-4 对热门话题和受众兴趣点的识别相较于人工会更精准和及时。对 GPT-4 提问时，需要注意进行适当的约束，比如圈定角色、领域，指出明确的需求。往往问题越明确，GPT-4 给出的答案越有价值。示例如图 4-27 所示。

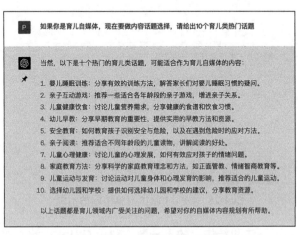

图 4-27　GPT-4 在话题选择方面的应用示例

2. 内容制作

在选择好话题与内容方向后，你可以先通过 GPT-4 获得一些框架与结构建议，这样不仅可以节省你的创作时间，还可以给你提供不一样的创作视角。在使用 GPT-4 草拟结构化的内容时，可以要求加入清晰的号召性用语和易于理解的信息，以鼓励用户参与后期的活动。示例如图 4-28 所示。

3. 内容编辑

在这一步，我们可以通过 GPT-4 实现如下工作。

❑ **使用 GPT-4 编辑和校对你的内容，确保内容的可读性**。可以要求 GPT-4 对内容进行精练，这将大大改善用户体验并增加受众的参与度。

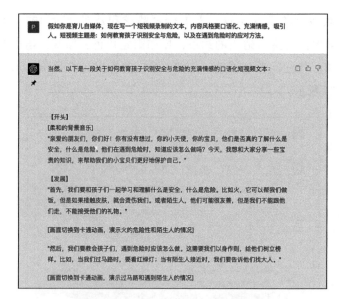

图 4-28　GPT-4 制作内容结构的示例

- ❑ **纠正语法和结构上的不一致。** 利用 GPT-4 检测并纠正语法和结构问题，以确保内容优美、专业且易于理解。
- ❑ **生成引人注目的标题。** 利用 GPT-4 创建引人注目的标题和副标题。注意，我们需要明确要求 GPT-4 给出的标题必须具有足够的吸引力并能鼓励受众进一步阅读，这对提高点击率和转化率有很好的推动作用。示例如图 4-29 所示。

4. SEO

GPT-4 生成的内容对 SEO 工作至关重要。GPT-4 具有先进的自然语言处理能力，可以生成包含多个关键词和元描述的文本。

撰写内容时，你可以向 GPT-4 提供主题和关键词列表，并要求它生成包含这些关键词的内容。这样生产的内容不仅能符合 SEO 要求，还能保证具有更高的用户可读性和吸引力。

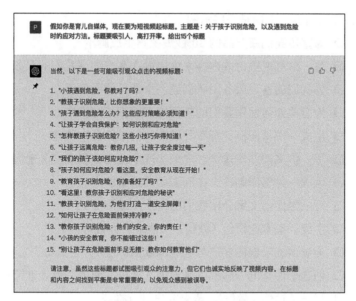

图 4-29　GPT-4 生成标题的示例

5. 注意事项

使用 GPT-4 等工具时，你要时刻提醒自己不要被工具迷惑，不要忘记自己的商业目的。工具为我所用，而不是让自己深陷工具困局中。具体来说，要做到如下几点。

1）**心中有一个明确的目标。** 在使用 GPT-4 等智能工具之前，心中必须有一个明确的目标。你想创作什么类型的内容？你是要撰写文章、生成产品描述还是创作社交媒体帖子？有一个明确的目标将帮助你创作更有可能实现预期结果的内容。

2）**用好 GPT-4 等智能工具的关键是提好问题。** 提问越具体，你获得高质量内容的可能性就越大。比如，可以具体说明你希望GPT-4 生成的内容的长度、语气和风格。

3）**给出清晰的说明。** 在向 GPT-4 提问时，请务必给出清晰简洁的说明。这将帮助 GPT-4 了解你正在寻找的内容，并生成符合你目标的内容。下面是一些示例。

- ❑ 为宣传我们新产品的 30 秒短视频生成脚本。
- ❑ 写一封有说服力的内容来说服潜在客户尝试我们的服务。
- ❑ 为我们的客户服务团队创建一个常见问题列表。
- ❑ 为有关如何使用我们的软件培训视频编写脚本。
- ❑ 生成一份新闻稿，宣布我们公司的最新合作伙伴。
- ❑ 写一份文档并发送给客户来实现个性化销售或交叉销售。
- ❑ 生成一封感谢邮件，在购买后发送给客户。
- ❑ 写一封促销文案介绍我们的新产品或服务。
- ❑ 生成一条专业短信（微信）来请求会面或咨询。
- ❑ 为延误或错误向客户写一封道歉信。
- ❑ 创建个性化电子邮件以培养潜在客户并使他们更接近销售。
- ❑ 写一条短信（微信），请求客户进行推荐。
- ❑ 写一条促销或特别优惠的活动方案。
- ❑ 创建一封电子邮件，发送给对我们的产品表现出兴趣的潜在客户。
- ❑ 生成一封电子邮件，请求客户对我们的产品或服务提供反馈。

6. 小结

在数字营销中，内容营销扮演着至关重要的角色。创作高质量、有趣并具有吸引力的内容，是吸引目标受众并建立品牌声誉的关键。而 AIGC 为营销从业者带来了一种全新的内容创作方式。

AIGC 能够生成高质量的文章、博客、社交媒体帖子等内容，而这些内容可以根据你的目标受众进行定制和优化。与传统的人工撰写相比，使用 AIGC 可以大大减少内容创作的时间和资源投入，并且可以帮助你更好地与目标受众建立联系，让他们更愿意与你互动。此外，AIGC 还可以大大提高你的工作效率，让你能够将更多的时间和精力投入到其他核心营销活动中。

需要注意的是，虽然 AIGC 能够为你带来诸多好处，但它也有一些局限性。AIGC 生成的内容可能缺乏人类的情感和洞察力，可能存在一定的语法和语义错误，这需要你进行人工编辑和校对，以确保内容的准确性。

因此，如果你想将 AIGC 纳入内容营销策略中，需要根据具体情况和需求进行决策。你可以选择使用 AIGC 来生成一些简单的内容，从而节省时间和资源；你也可以将 AIGC 作为一种辅助工具，将其与人工编辑相结合，生成更高质量的内容。但是，对于一些需要特殊知识和经验的领域，AIGC 可能无法胜任。无论如何，AIGC 都是一个值得尝试的工具，可以为你的内容创作带来更多的可能和机会。

4.15　本章总结与实践题

内容是新 4C 法则的核心，不管是选择好的场景、熟悉社群结构和文化，还是构建连接势能，都是围绕内容的传递及影响力开展的。如果内容没有打磨好或规划好，那么引爆社群的努力就可能偏离方向。

想要真正做好内容，有 11 个问题需要检验。

❑ 为什么要创作这些内容（目的是什么）？

❑ 谁是你的受众（你想影响谁）？

❑ 你是否找到用户群的痛点？

❑ 你是否以一种独特的风格和准确无误的观点来创作你的内容？

❑ 你打算什么时候创作你的内容？

❑ 你是否会制造一点惊奇或者来点笑料？

❑ 你的内容是否能够激起大家互动的欲望，并将阅读者沉淀成为社群成员？

❑ 你打算在哪里发布这些内容？

❑ 你希望内容达到什么样的效果？

❑ 你能否评测内容的有效性？

❑ 潜在客户能否轻易找到、访问并分享你的内容？

实践题

❑ 消费者购买产品时，主要考虑的点有哪些（价格、物流、性能、服务、维修、安全、质量）？我们可以通过什么样的内容打消他们的疑虑？

❑ 写下关于企业的 5 个小故事。如何包装这些故事，并且在社交媒体上传播？

❑ 制定为期 3 个月的内容传播体系。

❑ B2B 企业如何通过内容体系化建设，成为这个领域的意见领袖？

❑ 请尝试用不同的方式（文字、漫画、视频、音频等）表达相同的内容，看看哪种表达方式更具传播力。

❑ 如何从内部征集素材并形成源源不断的内容生产流？

❑ 你的企业如何评估内容营销带来的影响？

❑ 阶段性制作有深度的内容，然后在此基础上将其改写为适合不同平台（如网络直播、短视频、微信公众号、微博、电子书、喜马拉雅等）发布的内容。

❑ 通过百度指数、用户检索关键词量级来规划企业内容标题及关键词。

5

人与人的连接

社交网络传播遵从爆发性规律，即信息传播极其迅速，具有不可预见性，在短时间内即可引爆，但传播周期很短。传播的水平在开始的 5 分钟就已经决定了。

——Albert Laszlo Barabasi

如果让你松动山上多年的积雪并使之坍塌，你会如何做？常见的比较笨的做法是用炸药让积雪松动，而比较聪慧的做法是研究积雪的结构，找出积雪的关键支撑节点，然后只需要轻轻敲打节点，即可引发雪崩效应。雪崩效应同样可以用于网络连接。

本章就来讨论网络连接思维——雪崩效应。雪崩效应可以使信息或产品在社群中快速渗透。如果我们不去寻找积雪的关键支撑节点，想使整个积雪松动，只能采用无区别对待的轰炸方式。

支撑积雪的关键节点是滑雪者最害怕触碰的地方，因为一旦触碰，就意味着灾难。有经验的滑雪者往往会从环境、积雪等多个角度判断积雪的结构。同理，在互联网商业中，为了获得更好的引爆效应，我们需要积极探索社群的网络结构、中心节点、种子用户等，通过针对性触动按钮，引爆社群。

滑雪者

5.1 人际传播的数字化

人际传播与大众传播是人类社会中两种基本的传播方式。

人际传播是作为行为主体的个人与个人之间的信息传播活动，可分为两人间传播、小群体传播和公众传播。人际传播是最古老、最基本的传播形式，伴随着人类社会产生与发展的始终。

大众传播是随着传播技术的发展于近代出现的。原始的信息传播主要是一对一的典型人际传播。到了书籍传播时代，出现了一对多的传播，这是大众传播的开端。第一份廉价报纸的问世，标志着真正的大众传播时代的到来。随着报纸、广播、电视等大众传播形式的产生与发展，一对多的传播发展到极致，大众传播逐渐发展成为一种主要的传播方式。

我们强调人际传播，是不是就意味着要放弃大众传播？当然不是！产品、目的、企业自身情况等决定了营销的思考路径。在互联网环境下，如果企业面向的不是大众消费者，而是某个细分领域的消费者，那么最重要的营销工作是搞定细分领域人群的中心节点，这样才能更好地渗透到目标客户，提高营销内容的传播速度。

大众传播在信息传递方面具有规模效应，而人际传播的劝服能力更强。美国的贝斯提出了"贝斯模型"，以分析大众传播与人际传播对营销的影响。传统营销的做法是，初期通过大众传播轰炸，以期实现更高的信息覆盖度，然后期望触发人际口碑传播。这种玩法的目标是尽量增加大众传播曝光的次数及强度。为了获得更多渗透，企业需要更多的钱来"扰民"。

随着手机、电脑、电视、报纸等碎片化媒体的覆盖度不断增加，再想用钱砸广告以期获得理想效果已基本不可能了。正如我们之前提到的，许多企业的目标客户群在互联网上呈现了部落化，我们想和他们交流，采用漫无目的的大众传播是无法实现的。贝斯模型很好地验证了这个结论，它通过大众传播的影响系数（p）、人际关系影响系数（q）及市场潜力指数来评估市场营销的效果。多个案例的数据显示，p 的平均值为 0.03，q 的平均值为 0.38。贝斯模型也证明了营销传播的本质是发生在人际关系网内的传播，如图 5-1 所示。

大众传播注重单向灌输，可能造成受众的看客心理，形成集体无意识状态。而人际传播的引进，尤其是以互联网为代表的新媒体的发展，让受众可以充分表达自己的意见，单一化的话语体系被解构，多元话语体系得以构建。在网络传播平台上，以前等级森严的传播层级开始消解，受众与传播者之间的角色定位不再一成不变，他们可以参与点对众、众对众、自下而上和平行互动传播。

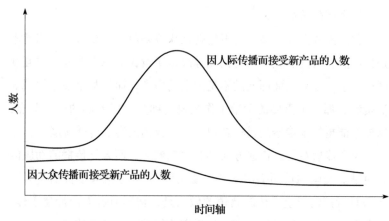

图 5-1　预测新产品接受率的贝斯模型[⊖]

人际传播是大众获取信息和反馈信息的重要手段。人际传播中的双方处于同一交流场景中，具有直接性。而大众传播是工具型传播，人性化不够，反馈也不及时。人际传播因其亲切生动、直接交流和传播手段丰富等特点而处于不可取代的地位。如何在大众传播中引入人际传播模式，发挥人际优势，将成为未来大众传播必须面对的新挑战。

大多数企业现在都不再需要进行大众传播，不再需要进行广播式的覆盖，原因有如下两个：一是企业的目标客户属于利基型，是窄众；二是现在很难有大众媒体可以精准覆盖大多数目标客户，更难让目标客户在同一个时间或地点接触企业的营销信息。

博柏利（Burberry）拥有 150 多年的历史。第一次世界大战中英国士兵穿着博柏利经典的英式风衣。Sir Ernest Shackleton 在南极探险时穿着博柏利。然而到了 21 世纪，品牌独特的格纹图案不再酷炫，它覆盖了太多的产品，并被太多造假者仿冒。

⊖ 贝斯模型显示出每一个时间单位内因大众传播和人际传播而接受新产品的人数，结果显示，后者通常较为重要。

博柏利用社交媒体来连接目标客户，传播风衣艺术，描绘品牌故事，分享新产品、时装秀等信息，更多地推广英国元素和英国精神，同时还和明星、粉丝联动赢得曝光率，打通横亘在奢侈品与大众之间的价格鸿沟。

博柏利为了更为有效地连接目标客户，先后采用直播大秀、即看即买、秀场黑科技、电影级广告等手段。例如在伦敦时装周，博柏利通过 Line 现场网络直播时装发布会。博柏利是最早一拨入驻 Snapchat 的企业，成为第一个吃螃蟹的奢侈品牌，希望基于此连接目标客户；博柏利为布局新连接，特意为 AppleTV 用户提供独家定制视频，如秀场后台采访、御用化妆顾问的王牌教程等。

本章讨论的人与人的连接，核心是通过互联网上基于兴趣、线下基于关系组建的圈子及圈子与圈子的连接者来有序传播信息。通过这种方法企业将不再需要进行信息轰炸，而是根据营销目的（新产品发布、提高忠诚度、促销、公关等），结合目标客户的情况进行精准打击，通过人际网络的连接进行有效的信息传播。

5.2　社会网络结构——社群传播背后的学问

之所以特意用一节来强调对社会网络的经典研究，是因为笔者希望你能够从社会网络结构的角度分析和解构数字时代营销传播的路径。这才是新营销传播背后的关键实现路径，也是支持新营销传播的科学。这一节阅读起来也许会有些难度，不过只要用心读完，你就会对新营销的理解更为通透。

网络的本质是连接，互联网能把很多信息及个体连接起来，实证主义者一直孜孜不倦地尝试刻画出连接的图谱、社群的结构、个体的状态。在人与人的连接中嵌入社会学、经济学、政治学、传播学等视角，会带来一系列新的研究方向和话题：新经济社会学、新制度经济学、社会网络分析、社会资本、结构洞、社会网络传播等。

美国有一个网站叫"乔治在哪里"。因为 1 美元钞票的正面印着美国第一任总统乔治·华盛顿的照片，所以，这个网站的意思就是 1 美元的钞票在哪里。这个网站要做什么？它做的是一个社会网络分析的实验。你在这个网站上输入一张 1 美元钞票的序列号，以及你所在地的邮政编码，网站很快就会标记出目前这张钞票的位置。这个活动满足了人们追踪一张钞票行走历史的好奇心。网站会在美国地图上标记出这张钞票以前去过的所有地方。研究发现：绝大多数钞票会待在距离首次被标记的位置不超过 10 公里的地方。通过对钞票运动轨迹的研究还发现，大多数人大多数时候都没有走远。这就是基于传统空间的社会网络流动。

多年前，笔者曾私下说，对笔者诱惑最大的工作是：微信、抖音的人际关系网络图谱与数据分析应用，Meta、Twitter 的全球人际关系网络图谱分析与应用。Meta 最值钱的资产，不是大楼，也不是发明专利，而是它拥有的全球 20 亿用户的社会网络。拥有了这个网络，Meta 就能准确地洞察人与人之间的互动和影响，成为精准且高效的广告平台。

引爆社群需要掌握社群的网络结构、连接方式、中心节点、社群个体的状态，以及镶嵌在社群网络结构中的情感、信任、社会资本等图谱情况。社会网络分析是对社会网络的关系结构及属性加以分析的一套规范和方法。它又被称为结构分析，因为它主要分析的是由社群、个体和社会构成的社会关系的结构及属性。

5.2.1 社会网络分析的意义

社会网络指的是各种连接，可以将其简单理解为由社会关系构成的结构。社会网络代表着一种结构关系，它可反映网络中个体之间的社会关系。构成社会网络的主要元素有如下几个。

❑ **行动者**：这里的行动者不但指具体的个人，还指一个群体、公司或其他的社会单位。行动者在网络中的位置被称为节点。

❑ **关系连接**：行动者之间相互的连接。人与人之间的关系形式是多种多样的，如亲属关系、合作关系、对抗关系等，这些构成了不同的连接方式。

❑ **子群**：行动者之间关系的子集。

社会网络分析广泛应用于商业、传播、社会管理等方面。如何识别社会网络中的个体，如何分析社群个体的影响力，如何找出意见领袖，如何分析信息在社会网络上的传播模型等，这些都在社会网络分析的范畴内。

根据马克·格兰诺维特的社会网络理论，个体是镶嵌在社群关系网络之中的，他们的特征是由其所处的社会结构决定的，并反过来作用于整体结构。在社会网络当中，个体并不是孤立的，而是处于整体之中的。社会网络分析不仅是对关系或结构加以分析的一套技术，还是一种理论方法。在社会网络分析学者看来，社会学研究的对象就是社会结构，而这种结构表现为行动者之间的关系模式。正如社会网络分析家巴里·韦尔曼指出的："网络分析探究的是深层结构——隐藏在复杂的社会系统表面之下的一定的网络模式。"

尼尔·弗雷格斯坦曾经调查过大型集团企业 CEO 的来源部门。

❑ 1880—1920 年，主要是以企业家（创建公司的人）为主。

❑ 1920—1940 年，大多数人来自制造部门。

❑ 1940—1960 年，有较多的人来自市场、销售部门。

❑ 1960 年以后，多来自财务、金融部门。

上述变化反映了企业面临的挑战的变化：20 世纪 30 年代企业面

临的主要是生产问题；20世纪40～50年代企业面临的主要是市场、销售问题；20世纪60年代以后企业面临的则主要是金融、财务问题。数据也从另外一个角度说明，想成为企业的CEO，不只需要努力，更需要站在合适的社群结构中。桑顿等人对出版公司做了类似的研究，结果表明，越来越多的人来自市场部或者经营部门，而不是具有丰富出版业务经验的部门，这反映了这个行业的制度逻辑的变化。

中国在这个领域的研究也不同程度印证了社会网络结构与组织升迁的关系。在互联网公司创业初期，产品经理、市场推广人员、销售人员成为创始人或者合伙人的概率很高；而随着企业的发展，大型集团公司的管理高管会被引进或者内部提升，这个时期企业关注的是流程制度化；公司上市之初或者在并购期，金融及财务领域的高管会成为集团内的"明星"。

5.2.2 社会网络分析的3个角度

分析社会网络，可以从3个不同角度切入。

1. 社群网络结构角度

社群网络结构涉及网络密度、网络集中度和网络可达性等几个方面。

社群的网络密度是指网络节点实际连线的数量与可能的连线最大数量之间的比值。网络密度越大，表明节点之间的连线越多，行为者之间的关系越紧密，信息交流越流畅；反之则说明节点之间连线少，联系不多，情感交流少。如果所有网络中的所有行动者都是孤立的，则网络密度为0；如果每个行动者都与所有其他行动者相连，则网络密度为1。

笔者辅导企业实施社群战略时，发现许多企业只是简单地把用户拉到微信群，简单地发发红包，谈论一些不痛不痒的话题。这样的社群很难保持活力，各个体之间也没有关联。这样的社群是典型的设计有问题，会导致社群结构很差，即网络密度接近 0。

社群的网络集中度指一个网络中的关系集中于一个或者几个中心节点的程度。网络集中度是一种用来衡量网络中各节点之间疏密状况的指标，它在一定程度上反映了网络资源的利用以及流动的程度。网络集中度与结构洞密切相关，在具有结构洞的网络中，随着结构洞数量的增多，网络集中度越来越小；反之，集中度越大。在互联网商业及营销中，如果发现某些社群的网络集中度高，那么只需要找出中心节点（意见领袖、连接器），进行相关的合作与处理，就可提高传播的效率。

可以用每一个人通过所有可能的操作接触到的平均人数来测量社群网络可达性。高可达性的社群，文化及价值观等可以迅速传递给个体，具有更低的扭曲度，也保证了更高的一致性。

从社群网络结构角度进行分析，你需要进行如下深度思考。

❑ 如何搭建良好的社群？

❑ 如果通过运营机制来调整社群结构？

❑ 不同结构的社群，在信息传播路径及方法方面有什么差异？

❑ 社群结构的演化规律和应对措施是怎样的？

2. 个体结构特征角度

社会网络中针对个体结构特征进行分析，关注的是个体的属性（主要指节点度数）、中心性等。

1）节点度数是指与该节点直接相连的节点数目，这是网络中重要的个体结构特征。节点度数可以衡量个人或组织在社会网络中处于怎样的地位。节点度数分为出度数和入度数（即该行动者受欢迎的程度），出度数是指从一个节点指向别的节点的连接的数目，入度数是指与邻居节点连接的数目。社会学中节点度数的概念还与

"权力"相关，节点度数越高，中心化程度越高，拥有的权力也就越大。互联网势能中涉及的连接的力量就是个体成为中心节点，拥有更多的连接，高势能表示拥有行业内社会网络高节点度数。

2）中心性是对一个节点在多大程度上位于网络中其他两个节点的"中间"位置的测度，用于衡量某一节点出现在网络中任意两个节点最短路径上的能力，它也可以被看作网络弹性的一种度量。最常见的度量节点的方式有 3 种。

- **度数中心度**：节点 A 的度数中心度就是与节点 A 直接相连的其他节点的个数。如果某节点具有较高的度数中心度，那么说明该节点可能在网络中拥有较大的"权力"。从图 5-2 中可以看出，节点 Diane 的好友数最多，有 6 个人，所以 Diane 是度数中心度最高的节点。在真实的社交网络中，度数中心度高的那些人一般都是大明星，有很大的知名度。

- **中间中心度**：任意两个节点到其他节点的所有最短路径中，如果有很多条都经过了某个节点，那么就可认为这个节点的中间中心度高。一个行动者处于许多交往的网络路径上，可认为此人具有重要地位；或者说某个节点到社群网络上其他节点的最短距离都很小，那么我们就可认为该节点的中间中心度高。处于高中间中心度位置的人可以通过控制或者曲解信息而影响群体，该指数反映的是行动者可以在多大程度上控制他人的交往。如果一个节点的中间中心度为 0，则意味着该节点处于网络的边缘，不能影响任何行动者。如果一个行动者的中间中心度为 1，那么就意味着该节点可以完全影响其他行动者，其处于网络的核心，拥有很大的势能。从图 5-2 来看，Heather 就是中间中心度最高的节点，因为 Ike 和 Jane 到其他节点的路径都需要经过 Heather。

- **接近中心度**：接近中心度是关注把一个节点与网络内其他

所有节点连接起来的绝大部分路径都是直接到达或者足够
短的指标。某节点到其他节点的平均最短距离最小，那么
从几何角度看这个节点就处于社群网络的中心位置。高接
近中心度意味着一个节点可以接触到网络中的许多其他
节点。从图 5-2 来看，Fernando 和 Garth 虽然好友数不如
Diane，但他们到其他所有节点的最短距离是最小的（Diane
虽然好友数多，但与社群网络右半部分的节点距离远）。接
近中心度高的节点一般扮演的是中转站的角色（类似于大
喇叭），可以在不同的人群之间传递消息。

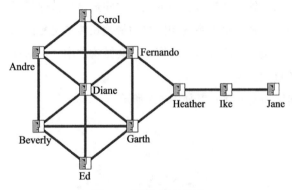

图 5-2　度量节点示例

有关节点度数和中心性的话题是社会网络分析中的核心，希望
了解更多内容的读者可以参考斯坦利·沃瑟曼的《社会网络分析：
方法与应用》、奇达夫的《社会网络与组织》。

3. 社会网络结构中镶嵌的角度

前面两个角度是从图论、数学属性角度刻画社群。不难想象，
它们不能很好地诠释社群的传播及行为。因为人不是一个简单的节
点，每个行动者都有其独特的经济、社会、情感等众多属性。从更
广的视角来解析社会网络结构及其关系，是我们一直追求的目标，

综合多个角度可以更好地认识社群运行规律。连接链条上的那些嵌入的因素是如何影响我们的？概括起来主要有以下 3 个体系。

（1）强弱连接理论

格兰诺维特在研究找工作的过程时发现，与提供工作信息的人往往是弱连接。为此，格兰诺维特将连接分为强连接和弱连接，可通过在某连接上所花费的时间、情感强度、亲密程度及互惠行动等内容综合定义连接的强弱程度。

强连接间的信息具有很高的重叠性，因为个体属性相似度高，而弱连接比强连接更容易跨越社群的边界去获得信息和其他资源。有研究显示，处于弱连接关系的团队之间最擅长传递相对不复杂的知识，而处于强连接关系的团队之间最擅长传递更复杂的知识。强连接和弱连接概念将经济行为嵌入社会结构之中，这对社会网络分析产生了重大影响。

强连接和弱连接示意如图 5-3 所示。

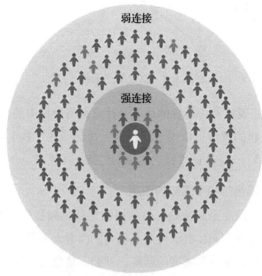

图 5-3　强连接和弱连接示意

国外的研究数据显示，创业想法来自家人和朋友这些强连接的只占 38%，而来自客户和供货商这类商业伙伴弱连接的，则高达 52%，其他则是受媒体或专家启发。由此可见，好想法来自弱连接更为普遍。

（2）结构洞理论

结构洞理论是由美国社会学家伯特提出的。结构洞指的是存在于两个或两簇行动者之间的可由另外的行动者来跨越的空隙。例如，对于三个行动者 A、B、C 来说，如果 A 和 B 有联系，A 和 C 有联系，但是 B 和 C 之间不存在联系，那么 B 和 C 之间就相当于存在一个洞，如图 5-4 所示。A、B、C 之间关系的这种结构就是一个结构洞。A 是结构洞的中间人。结构洞的中间人充当不同社群之间联络员的角色，这类人更容易获得跨越结构洞的信息流和资源，因而比网络中其他位置上的成员更具有竞争优势。

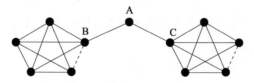

图 5-4　结构洞理论示意

你可以看到跨越娱乐、金融、科技等领域的人，积极充当结构洞的角色，为此获得了大量的社会资源和实惠。一个人或一个组织要想在竞争中保持或扩大优势，就必须与相互无关联的个人和团体发生广泛的联系，以争取信息和控制优势。

（3）社会资源理论

由社会学家林南提出的社会资源理论指出，镶嵌在个人社会网络中的社会资源，如权力、财富和声望，并不为个人直接占有，而是通过个体社会关系来获取的。个体社会网络的异质性、网络成员的社会地位、个体与网络成员的关系力量决定着个体拥有的社会资源的数量和质量。

5.3 点燃人与人之间的社交关系链

在商学院教学过程中，学生多次问笔者能不能用一句话概括出引爆社群的关键。笔者是这样回复的："**引爆社群的关键是如何点燃人与人之间的社交关系链条，让内容在链条中得以快速流动。**"

南方某市出现伤害医生的事件时，笔者辅导的一家药企从情感共鸣、身份认同的角度撰写了《这一刻，我要告诉你真实的医生生活》一文，迅速刷爆医生朋友圈。这就是在特定的场景下，通过内容点燃人与人之间的社交关系链条。

传统的信息传播比较局限，比如向农民传播杂交玉米的采购会就是基于特定的地域开展的，这是由人群及其媒体使用行为造成的。而对于针对医生的信息传播，辐射就可以更为广阔，不仅可以通过医院同事群进行信息传播，还可以通过互联网医生社区跨地区进行传播，让信息渗透得更快速。谈资的传播曲线也呈现多样化、线上线下结合的趋势。

社交关系连接的 4 种形式如下。

1）**通过内容来连接**。通过转发微信朋友圈、微博上的内容构建的连接就是这种连接的典型代表。互联网上特定的内容可以自然沉淀用户和关系链条。例如，你检索《魔兽世界》的攻略，发现有趣的博主或者 ID，然后加入感兴趣的微信群或者与其取得联系。

2）**通过话题来连接**。这是最为常见的一种连接方式。例如，知乎上关系的构建往往源自特定的话题；百度贴吧的互动连接，更多源自话题及兴趣。

3）**通过身份来连接**。身份连接的背后是清晰支撑连接的排他性。类似女性美妆社群、退伍军人社群、业主社群，这些连接都是基于特定的身份来构建的。lululemon、山姆会员店、美体小铺等商业新思维背后隐含的也是身份连接。

4）**通过行动来连接**。这是一种特殊的连接，是基于行动导向的连接。例如，接下来要分析的案例中的可口可乐，通过游戏让参加者行动，构成特定的连接。在花椒、映客直播平台中，用户通过打赏行为直接构建特定的连接关系。

可口可乐：Hug Me（拥抱我）

在新加坡街头，人们可发现一个常规的可口可乐贩卖机前端有大号字体的"Hug Me（拥抱我）"字样。只需给它一个拥抱，这个充满人情味的可口可乐贩卖机就会回报给你一罐免费的可乐。可口可乐推出的这款"可口可乐拥抱贩卖机"，作为"快乐畅开"活动的一部分，旨在为无论身在何处的人们和他们的生活带来快乐。

之前可口可乐也推出过 3.5 米高的贩卖机，用户想买可乐需要朋友帮忙。可口可乐美其名曰 Coca Cola Friendship Machine，要求用户通过与他人协作完成挑战，小小的挑战让用户相互连接在一起。这样的活动让消费者互动起来，也为线上线下谈资创造了一定的基础。

可口可乐的活动

简单的挑战（拥抱 / 登高）行为可以点燃消费者的社交关系链，不仅给予用户快乐，也为后续的信息传播与讨论创造了条件。

让信息在群体内传播与让信息在群体间扩散，两者的差异主要

体现在信息传播的速度和效果上。能在群体内传播的信息，通常与群体内的成员有密切关系，因为同属于一个群体的成员通常有类似的兴趣和观点。群体间传播（破圈）的关键是内容与话题的普适性。精雕细琢的内容，可先寻找意见领袖、行业媒体等进行助推，以提高引爆的概率。

保罗·亚当斯（Paul Adams）在《小圈子·大社交》中解析研究结果时表明：**一个人的社交网络，核心内有 5 个人（家人或至亲）左右，社交的好友有 15 个人左右，接下来是 50 个左右的不定期联络的人，还有 50 个保持稳定社交关系的人，另外与约 500 个人保持弱连接关系**。

格兰诺维特在《弱关系的力量》中也表达了类似的洞察。每个人接触最频繁的亲人、同学、朋友……这些十分稳定但传播范围有限的社会交往，就是一种"强连接"关系；同时，还存在相对于前一种社会关系更为广泛却肤浅的社会交往，格兰诺维特把后者称为"弱连接"。这部分内容前面介绍过，这里不再重复。

针对贵重产品进行营销设计时，最好关注稳固的关系，因为关系稳固的人的影响更大。有这样一个不争的事实：亲朋好友分享的信息，比不认识的人分享的信息更为重要。

亨氏为感冒的朋友送去鸡汤

在流感大肆入侵的季节，亨氏（Heinz）联手 We Are Social 研究机构，发起了一场足以让人感动到泪流满面的营销宣传活动。只要在 Meta 上成为亨氏品牌的粉丝，并且把活动信息发给一位正在生病的好友，你就有机会以 3 美元的价格买到亨氏的招牌番茄酱或是鸡汤。当然，亨氏会以你的名义寄给正受感冒困扰的好友。

在这里面，品牌已经不是主角，而只是一个聚会的发起人，为用户之间创造了一个交流和连接的理由。

一个好的活动策划，不会受地域、时空的限制。只需轻轻触动，就可以在很大范围内引爆。这个案例的厉害之处在于通过给朋友送鸡汤来激活社会网络关系的互动。

简单的行动连接，轻松触发参与感

刚进入大学看着满校园的陌生人，大家都会或多或少感到无所适从吧？为了让新生们迅速熟络起来，可口可乐推出"奇妙的新瓶子"活动，这个瓶子只有两个人合作才能打开。如果你试图拧开瓶盖，就会发现这是一件不可能完成的事情。

学生只有找到另外一个拿着相同瓶子的人，将瓶盖顶部对准，然后朝着相反的方向旋转，可乐瓶方能打开。

"奇妙的新瓶子"活动

这个活动虽然简单，但确实能够让新生们在完全陌生的环境下产生向其他人打招呼的动力。在一次简短的合作之后，或许一段友谊就这样萌芽了。可口可乐这次活动背后蕴含的连接传播思维确实非常棒，不仅让人们记住了产品，还宣传了正能量。

5.4 引荐与转介绍，构建高转化率的连接

引荐与转介绍是让潜在客户熟悉你的最直接、最有效的途径。

熟人推荐之所以能在提高你的可信度方面的效果立竿见影，是因为潜在客户信任你的推荐人。

引荐与转介绍是人际连接，不只是信息与内容的流动，更是信任感的注入。

在保险营销领域，如果某个圈子中有几个人已经在一位保险代理人处投过保险，那么这位代理人就不必再为如何赢得圈子里下一位客户的基本信任下功夫了。有了引荐与转介绍的客户关系图，保险代理人就可以掌握客户之间引荐的连接线索，做到定向社群引爆。

常见的引荐或转介绍的方式有如下 3 种。

1）客户推荐：让有过愉快合作经历并信任你的客户作为你的推荐人。获取客户推荐的关键在于循序渐进地采取规范而系统的步骤。例如：**先激发客户社交分享，再激发客户社群讨论，最后激发客户线下引荐。**

2）私人推荐：来自熟人、朋友或家人的推荐。这些都是熟悉你并真心愿意把客户介绍给你的人。你需要做的是花时间介绍你的工作内容，让他们了解你需要什么样的客户，获得有效的连接。

3）专业推荐：一般来自你在相关行业中结交的专业人士的推荐。要想获取更多专业推荐，你需要有意识地构建并扩大自己的专业人脉网络，并持之以恒地投入精力维护已建立的关系。

从数量级和频率上来说，客户推荐更为关键。如果对方是对你满意的客户，那请求他把你推荐给别的客户并不会显得很唐突，难度和风险也不大。你可以这样请求推荐："×× 女士，再次感谢您的认可。看到您对这次合作感到满意，我非常开心。我正在努力开发更多像您这样的客户，能否劳烦您把我推荐给您的朋友？"这只是其中的一种说辞，但最重要的是，要主动开口去问。

通过引荐与转介绍构建连接，在实践中需要注意如下几点。

❑ **不要着急，时机至关重要。**不要显得太过急切地想要得到这个订单（金钱）。恰当的铺垫（介绍有价值的信息）有助于发展长期关系。

❑ **安排三方会面、拉群（在线）。**妥善安排交流，三人（你、被引荐的对象以及引荐人）全部到场是最好的安排，数字时代线上拉群引荐已成为常态。

❑ **向引荐人（你的客户 / 用户）反馈进展并致谢。**如果客户介绍的订单很重要，那么不妨随便附送一件礼品。你的致谢和礼品将鼓励客户为你再次推荐生意。

❑ **通过策划，触发客户的自分享与引荐。**当你用心创造惊喜，提供超出预期的服务，或者提供分享的便捷操作时，就会带动特定人群主动帮你对外构建连接。

5.5　想快速引爆，从中心节点与意见领袖开始

社会网络通过节点和连接来描述，在大部分复杂网络中都存在中心节点，这也成为这个拥有广泛联系的世界的基本特性。中心节点是网络的基本组成部分，它保证了网络的高可靠性，使网络呈现小世界的特点。互联网也被一些高度连接的中心节点主导。中心节点的存在虽然颠覆了互联网空间平等的幻想，但也从另外一个角度保证了互联网信息的高可靠性。

如果不是采用大众传播，而是采用分众的市场传播，那么最重要的事就变为摸清楚人群中的中心节点，从而更好地覆盖目标客户。在特定的圈子网络中，节点所处的位置决定了其在信息传播路径上能够发挥作用的大小。当节点处于网络的末端或者狭窄的边角时，它只能成为信息的接收者或亚文化节点，引爆全网的能力较弱。

艾滋病毒传播的中心节点效应

1981 年 5 月，美国纽约、旧金山和洛杉矶地区的医生诊断出第一批患有艾滋病的美国人。他们发现所有的艾滋病患者都是年轻的男性同性恋者，而且住在洛杉矶的 19 个病人和住在旧金山、纽约等地的 21 个病人有性关系。显然，通过这些结论可以判断出病毒是从一个人传播到另外一个人，在人群中实现裂变的。

美国疾病监控和预防中心的研究者在这 40 个艾滋病患者中，找出了该病毒扩散过程中至关重要的人，并将其称为"0 号病人"。"0 号病人"在 1979 年到 1981 年之间，与 72 个男性有性关系，而这 72 个男性中有 8 个是早期的艾滋病患者。"0 号病人"更为重要的特征是，他是洛杉矶地区和纽约地区艾滋病患者的"中心节点"，直接加速了艾滋病毒在两个城市的蔓延。

"0 号病人"是加拿大航空公司的一名航空服务人员，他跨地区传播了病毒。研究人员对 40 人的传播路径进行了分析，"0 号病人"感染了艾滋病毒，首期传染了 8 个病人，然后这 8 个病人又与超过 8 个人连接，引发中心节点的连接效应。这些初期感染的人往往也是一个个中心节点，如果首期感染者传播的链条没有继续传导下去，病毒的影响面就会局限在这几个人中，但这仅仅是理想。

中心节点是群体间传播的关键点，信息可以通过中心节点很快渗透到群体中进行扩散传播，引发指数级的裂变。我们无法准确描绘人群的社会网络，但可以通过抓住传播的关键路径，即中心节点来加速信息的传播。连接营销的思路就是要找对人，引爆人群。那么你是不是已经这样做了呢？

5.5.1　指定市场的中心节点

从纯科学的角度来说，社会网络的中心节点是明确存在的，但是在现实生活中，我们想要立刻找到明确的中心节点是不可能的。企业无法获得对目标市场人群网络结构的科学描述，但是可以从中心节点的特征下手，从一个泛化的行为角度去确定中心节点。

南京一位商户想利用互联网卖板鸭，刚开始其账号没有足够粉丝，为了吸引眼球，提高关注度，他采取的是直接在抖音、小红书、微信等各类聊天工具上寻找粉丝最多的南京女孩，然后请这些女孩帮忙宣传的策略。当群建到一定规模以后，就号召粉丝关注，如此便完成了原始粉丝的积累。这些女孩就是城市在线社交网络的中心节点。

新药扩散的中心节点

新的医学试剂投放区域市场，应该如何引爆医生这个圈子呢？大众传播或略微明智些的窄众选择（比如医学类期刊）都存在一个问题，即这个药的广告飘在云端，医生无法切身感知。科尔曼研究了四环素在内科医生中扩散的过程，发现中心节点在信息传播中发挥了重要的承上启下的作用。

人际关系广泛的医生具有更强的创新精神，在他们之间，四环素的传播及采用具有快速的滚雪球效应。人际关系广泛的医生在交流中会聊到四环素的临床效果，这样早期就会有更多的医生采用，并带动周围的同事讨论和使用。不到几个月，几乎所有人际关系广泛的医生都采用了新药。

研究发现，具备以下属性或行为的医生在四环素新品信息推广中起到中心节点的作用。

- ❑ 相对频繁地出席医院的职工大会。
- ❑ 与一个或多个医生共用办公室。
- ❑ 被其他医生称为信息来源和建议的提供者。
- ❑ 经常与同事一起讨论有关病例。
- ❑ 被众多医生称为好友。

具有较多的社会连接的医生往往较早采用了新药，而那些在同事中人际关系不太广的医生，会较晚采用新药。相对封闭的医生与同行接触少。

由此我们可以解析新药的传播过程。当新药发展尚不明确而医生又要做出是否采纳新药的决策时，因为客观环境中并没有明显的迹象证明药剂的好处，医生通常会从同事那里寻求相关的信息。这时候信息的论证就尤为重要了。

如果在营销推广中没有找准核心群体，也没有触动中心节点人群的讨论，想引爆特定的人群几乎是不可能的。

拉斯维加斯新建了一家规模宏大、豪华的酒店。当经营者思考如何通过中心节点来宣传时，在尝试了多种方式后发现，城市的出租车司机才是这家酒店最为重要的中心节点。理由很简单，酒店的特性（特色）让出租车司机有话题和旅游者交流。酒店在开业之前，专门为这群有影响力的中心节点群体提供了免费的住宿，并安排他们参观体验。

对于这样一个外来人口较多的城市的出租车司机来说，能主动与人们谈论的酒店，一定是他们体验之后觉得很有特色的酒店。另外能与出租车司机谈论这个话题的群体，一般都是酒店的核心客户。这个案例完美诠释了新 4C 法则的实践。

卡西欧聚焦特定专业圈子，各个击破

卡西欧 G-SHOCK 利用专业人士打入专业圈子，赢得特定圈子内的人群的信赖。凭借这种策略，该品牌用相对较少的投入达到了精准营销的目的，并赢得一批忠实粉丝。

意见领袖：胡浩亮、谢文凯、琉璃等小众专业意见领袖。

合作目的：利用专业小众意见领袖攻克特定粉丝圈。不是签约一个大众明星，而是将资金拆分，签约一批不为大众所知的潮流领袖。

G-SHOCK 是一个外形和功能"反传统"的腕表系列——电子、厚重、笨拙。G-SHOCK 的卖点是多功能、坚固、可靠，以及富有针对性的硬、酷、个性。虽然 G-SHOCK 明确"音乐、时尚、运动、潮流"是其锁定的四个方向，但是坦率来讲，这几个方向是无数潮牌争夺的焦点。

G-SHOCK 的做法是"精准"，然后深入！例如，与最有代表性的人深度合作，让最有代表性的人先成为 G-SHOCK 的粉丝，然后再去影响他的粉丝。事实证明，G-SHOCK 粉丝的忠诚度和复购率都非常高。

典型案例是 G-SHOCK 与 ERICHAZE（著名涂鸦大师）的合作。涂鸦是个小众圈子。关注涂鸦艺术的人都非常有个性，与 G-SHOCK 的受众非常契合。在合作之前，涂鸦艺术圈的人对 G-SHOCK 并不了解。但通过与 ERICHAZE 合作，双方共同设计了 25 周年的 logo，ERICHAZE 把 G-SHOCK 带入了涂鸦圈，开拓了一个小众市场，让许多涂鸦人士成为每年购买十几甚至几十块表的死忠粉。同时，通过涂鸦这种个性表达，G-SHOCK 品牌精神多了一个展现的角度。

在亚洲市场，特别是中国，选择 G-SHOCK 更多的是嘻哈、街舞、滑板、极限运动等非主流文化圈子里的小众明星。在这些小众圈子中，一定也有潮流意见领袖，或者说能让圈子内其他玩家服气、技术水准高、能代表大家发言、能影响其他人的人。G-SHOCK 要影响的，就是这样一群人。

显而易见，签约小众意见领袖的代言费用远低于大众明星。不过 G-SHOCK 表示，签约明星后，围绕该项目的宣传、合作费用远大于签约费用。同时，G-SHOCK 会把资金拆开，在不同领域分别签署一些中心节点，并分别做周边宣传。

G-SHOCK 的成功之处在于利用专业小众意见领袖攻克特定粉丝圈。执行路线是：通过与有代表性的人深度合作，让他先成为 G-SHOCK 的粉丝，然后再去影响他的粉丝。

美国有一个超市叫好市多，这个超市卖的货物毛利率极低，几乎不赚钱。但是想要在那儿买东西就必须成为会员，用会员费做投资才是好市多的利润来源，所以对于这家超市来说，是否有高的毛利率不重要，是否拥有更多的用户才重要。**因此对商家来讲，过去是经营实物，现在是经营用户，实物只是手段，用户才是资产。**

5.5.2　意见领袖的连接应用

中心节点与意见领袖的异同：中心节点描述的是某节点在社会网络连接中单纯的连接位置。从数学图谱的角度看，中心节点处于连接关键处，位置是非常重要的，但是它对于社会网络群体的影响力无法衡量。有时候某节点虽然是中心节点，但是不具有软实力的影响。意见领袖却不同，首先意见领袖一定处于社会网络的关键连接位置，其次它对社会网络中的个体有较大的影响力。

网络空间中的意见领袖常常可以围绕某一特定主题，激发大众参与讨论，甚至能够影响人们讨论某一特定话题的方式和框架。意见领袖通过频繁的社区交流，专业、可信的信息，以及自信、有力且充满感情色彩的语言来吸引追随者并对其产生影响。

社交媒体上的信息通过意见领袖的转发，往往会产生更大范围的扩散。意见领袖参与信息传递后，可以加速信息在特定人群内的扩散，甚至实现破圈，触达大众。在线社交网络滋生的信息扩散路径，客观上使意见领袖成为信息传播过程中的中心节点。

九阳面条机巧妙借力意见领袖

九阳开发了面条机后，一改以往传统广告的轰炸及新闻公关形式，而是精心设计人与人的连接传播活动来推动新品进入市场。它所用的方法不是企业自己来精心制作文案，而是激发意见领袖及粉丝在社交媒体上进行热议。

正为宝宝辅食发愁的妈妈粉丝，是九阳面条机最精准的用户。然而问题的关键是：九阳如何找到这些正处于哺乳期的妈妈们，并将商品信息传递给她们？

九阳发现"80 后"的妈妈在育儿过程中有自己的想法，她们不爱遵从老一辈的经验，而是特别关注社交媒体上一些育儿达人的建议。

策划活动的第一步是找到这些隐藏在社交媒体中，同时具备影响力的育儿达人。例如"宝贝吃起来"，这是一个专门教人怎么给宝宝制作辅食的资深育儿专家的微博，其上不仅有各种关于辅食的科学知识，还有各种辅食制作的视频。"宝贝吃起来"的粉丝的活跃度极高。

为此九阳通过"宝贝吃起来"搞了一次试用活动，提供 50 台面条机给年轻妈妈们试用，并请妈妈们在试用后上传各种充满创意的宝宝面条制作食谱。在完成与 50 个育儿达人的沟通后，这些育儿达人开始陆续在社交媒体上晒自己的面条机体验以及各式创意面条。

宝妈在社交媒体上是以社群的形式活跃着的。50 个育儿达人有几个共同特征：专注母婴领域，粉丝在 30 万人左右，都是草根意见领袖。因此这些达人妈妈更易于亲近，对普通网友来说更具实际操作和模仿意义。

九阳选择的 50 个育儿达人是社交媒体上对核心消费者而言最有影响力的。它采取的选择方法是人工评估和查看候选育儿达人的内容质量、粉丝质量、粉丝活跃度、转发真实性等，这花了团队很多的时间和精力。

九阳巧妙地应用行业的意见达人，最终引爆了销售。九阳并不是直接寻找大 V 及明星，而是选择和产品消费者相关联的垂直领域有影响力的达人，直接引发小圈子的购买冲动。

5.6 打造全方位连接新通道

5.6.1 结构化多层次的分发网络

"铺设"传播网络路径，需要建立稳定的中心节点与 KOL 体系。完备的传播网络路径体系应包含 3 个要素，这 3 个要素可以组成传播金字塔。

1）顶层：**传统的意见领袖。**通过传统的意见领袖可以让你的信息覆盖最广泛的受众，传统的意见领袖还可以代表你的企业的整体形象。传统意见领袖的代表人物有娱乐明星、主流专业人士、公知等，他们具有很高的大众认知度，且代表着主流文化与公众认可的形象。

2）中层：**非传统的意见领袖 + 小众的专业意见领袖。**非传统的意见领袖拥有的认知度、粉丝数量、眼球吸引力也是可以引爆一个话题的，但是他们的公众形象往往是与个性化、非主流相关的。

小众的专业意见领袖所倡导的文化理念往往只能影响特定人群。他们的粉丝数量虽然相对较少，但是他们与粉丝的互动性、所拥有的专业性和对粉丝的影响力却能超越普通公众人物。小众的专业意见领袖的代表包括极限运动中获得冠军的运动员、电子竞技冠军等。

3）底座：**品牌的超级粉丝、专业达人。**这类人数量众多，影响力弱，但可以与普通的消费者平等对话，所以拥有更高的亲和力。

护肤品牌如何寻找和构建网络传播的通道

A 品牌是某高端跨国护肤大牌，从销售额、品牌影响力、销售区域来看都是业内的风向标、指示牌。该品牌愿意在本土市场和本土数字媒体方面做大胆尝试。

A 企业的中心节点与 KOL 体系是如何构成的呢？其中心节点的应用将品牌的口碑与粉丝分成了以下三层。

第一层：名人。 包括传统媒体中的首席美容时尚编辑、顶尖博客（数字媒体）博主、地区艺术家、品牌与产品的高级研究员。

针对这层人，需要不断加强各种层面的互动，包括提供免费正品试用、小规模的沟通与见面会、在 A 品牌的社区官网上给某位名人提供专栏空间、与官方网站和微博等进行互动。

第二层：品牌的 VIP 成员（忠诚用户）。 VIP 成员人数大约为第三层人数的十几分之一。针对这层人，如何让其体会到尊贵感是关键。可采取的行动包括免费产品试用、贵宾活动邀请、参与公关活动等。因此，A 品牌积极邀请这层人员参与美丽课堂、A 品牌社区官网论坛专题互动、官方微博和个人微博展示互动等活动。

第三层：粉丝。 包括已产生消费行为的用户及还没有能力消费该品牌产品但是对该品牌充满热情的未来消费者。针对这层人，入门激励与品牌了解最重要，包括网友互动、登记领入门礼物、参与活动赢得样品、每半个月发送一次品牌产品促销邮件、发送独家电商优惠活动信息等。

第一层中心节点发挥的是专业、风潮引领的作用，他们的示范效应更明显，专业性更令人信服；第二层中心节点发挥的是品牌的消费者风范及更为"亲民"的号召作用；第三层中心节点发挥的是对各种促销话题的传播、烘托作用，这层人群对品牌文化的了解没有前两层那么深入，但却是最大数量、最具传播效应的人群，也是最爱传播各种促销优惠信息的关键意见领袖群体。

综合来看，品牌的网络传播通道就是"明星代言人 + 明星使用者 + 小众达人 + 忠诚客户"的金字塔体系。在营销过程中，品牌方应逐步加深品牌与受众的连接，让品牌逐步拥有超级势能。

5.6.2　"铺设"自有网络传播通道

巧克力豆的品牌有很多，但把巧克力豆做成 IP 的却只有一个，那就是 M&M 豆。M&M 豆通过塑造虚拟的 IP 形象构建与客户群体的网络传播通道。

M&M 豆卡通形象

M&M 巧克力有黄 M 豆、红 M 豆、橙 M 豆、棕 M 豆、蓝 M 豆和绿 M 豆，团队给 M&M 豆的 IP 形象设计了不同的性格特点。比如经典矮个子红 M 豆，古灵精怪，爱摆架子，所以在广告里是一副拽拽的样子；体内有着花生夹心的黄 M 豆看起来最高大可靠，但实际上却很害羞。

每一个角色的 M&M 豆都有自己的粉丝，为此团队组建了 M&M 豆粉丝论坛——M&M's Wiki，这个论坛汇集了全世界的粉丝。通过 M&M 豆形象及与粉丝的互动，M&M 豆构建了网络传播的路径与通道。

你拥有的各个平台官方账号（抖音、微信公众号、知乎、小红书等）、员工个人企业微信与个人微信等都是你自有的传播渠道。

5.7 传播动力学：开启新角度

从传播动力学的角度，我们经常将注意力放在传播者及其是否努力上，而对信息受众的结构及行为研究则较少。接纳门槛描述的是受众对信息的排斥及反应程度，接纳门槛高，意味着受众对信息的信任度低，传播主动性弱。

人们在接纳不同的信息时会有较大差异。新的信息比较容易影响那些接纳门槛比较低的人。实现信息广泛传播的关键是让更多的人在面对我们的信息时，变成接纳门槛低的人。大家都知道，当我们的家人、朋友等可信赖的人接纳某条信息后，我们面对这条信息时接纳门槛就会降低。这就为我们提供了降低受众接纳门槛的可行方向。企业之所以特别注重朋友的口碑推荐，本质上就是在降低接纳门槛，让信息更容易进入消费者的内心。

5.7.1　从传播动力学看人与人的连接

个体的行为方式常常受到周围群体的行为影响，要想引爆群体，就需要跨域"临界大多数"[⊖]。我们可以通过下面这个生动的案例来解读个人门槛和系统临界大多数之间的关系：假设一个广场上有 100 人来回转悠，准备购买某件新产品。如果甲的购买门槛是 0，乙的购买门槛是 1，丙的购买门槛是 2，以此类推，最后一个人的购买门槛为 99。从裂变的角度可能会看到多米诺骨牌效应的发生。门槛为 0 的人作为购买商品的尝鲜者，开始付款，他的举动会立刻引起门槛为 1 的人参与，门槛为 2 的人看到已经有两个人开始行动了，他也会参与行动。最后，本来只是看看并没有想参与的群体都被卷入。

我们来分析上面这个案例的裂变过程。如果我们不希望产生这次购买，要如何通过卡位关键节点的方式来实现呢？其实很简单，将群体接纳门槛为 1 的人换成一个接纳门槛为 2 及以上的人，就不会出现多米诺骨牌效应。当第一个人开始做出购买行为时，其他人

的接纳门槛还没有到达那个度就不会被点燃，最终这个"星星之火"就被灭掉了。

邓肯·瓦茨也曾经撰文优化新产品引爆的规律，他不仅关注具有较低接纳门槛的用户，还关注相互连接的群体人数。具有更多连接的社群节点，更具稳定性；而连接较少、社群互动较少的节点，更易被引爆。

如图 5-5 所示，假设某节点 A 有 3 个紧密联系的人，其中 1 个是活跃的，单个节点占 A 的所有联系节点的 1/3。节点 B 有 4 个紧密联系的人，其中 1 个是活跃的，单个节点只占到 B 的节点的 1/4。如果 A 和 B 的接纳门槛相同，都是 1/3，那么 A 就会被卷入，而 B 会处于稳定状态。因为拥有更多连接的人在做出决策时会征求更多人的意见，所以这样的节点更难被引爆。在特定群体中，如果某些节点连接的人较少，或者决策时只会征求少数几个人的意见，那么先引爆这些节点，然后通过这些被引爆的节点去"传染"其他节点。

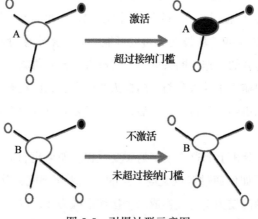

图 5-5　引爆社群示意图

任何社群都可以理解成复杂系统，每个复杂系统都有弱点，只要你能找出这个关键点，并以合适的方式进行打击，系统就会坍塌，人群就会被引爆。

在新产品相关的市场活动中，可以通过如下方式"引爆平台"。

- ❑ 激励早期传播的人或采用者，冲击临界大多数。
- ❑ 补贴容易引爆的群体，防止他们因为不知晓新产品或新信息而错失引爆的机会。
- ❑ 给予更强的传播动力，比如增加话题性、娱乐性。

在社会网络中，传播是一个高度依赖群体状态的过程，个体的接纳门槛表明个体进行决策及接受信息时容易受到周围人影响的程度。如果中心节点具有较高的接纳门槛，就会为我们的传播带来很大的挑战，因为我们的信息很有可能在中心节点就被卡断，自然很难继续传播下去。但是对于交互类产品（如电话、传真机等）而言，消费者接纳产品的门槛将更大程度依附于和他们日常联系的人中有多少已经采用了你的产品，随着采用人数比例的提高，消费者的接纳门槛会逐渐降低，低到一定程度他们就会做出购买决策。

了解传播网络的结构，比简单地利用意见领袖更有效。在营销信息传播过程中，需要考虑我们发出去的信息在群体中转动的效率，即考虑如何使高门槛和低门槛的接纳者更易接受我们的信息。以故事、视频、漫画等形式呈现的内容会降低用户的接纳门槛，让信息更好地流转起来。通过朋友介绍、推荐，也可降低接纳门槛，因为线上信息配合线下关系，会让信息产生更强的吸引力，从而打消受众的怀疑，让其迅速产生行动。

5.7.2　激发和保护传播的动力

之所以要关注传播动力学，是因为在当下传播方式繁杂的情况下，如果我们不加以助推，赋予外在的动力，往往会弱化本可以传播更远、影响更大的活动。我们可以看到，许多互联网传播案例背后都是有外力助推的。

营销信息在人群中传播的动力可分为自发动力和外界动力。自发动力主要源自产品和营销本身，以及传播者自身的一些需求，总结起来包含如下几个方面：

- **自豪感**。之所以讨论自豪感，是因为我们会为自己与某个特定产品或品牌有联系而感到自豪和骄傲。我们也会为自己可以帮助大家做选择或解决问题而感到自豪。自豪感是营销传播的重要动因。
- **分享感**。人们喜欢讨论、传播，乐于分享自己的选择、信息、观点。
- **寻找共识**。
- **帮助与教育**。许多消费者愿意参与口碑及信息传播，是因为他们要去帮助其他人做出好的决定。

对于企业来说，最想看到的是在消费者之间进行口碑传播（自传播），这样营销的效果才会更好。你不仅要激发用户的传播动力，还要保护他们的传播动力。激发用户传播动力较常见的方法是 @ 你的朋友，同时转发给他你需要他发布的评论，还要附带你送给他的奖品。但是，采用这种功利性的激发方式，效果会打折扣。营销中常见的激发用户进行自传播的 6 个方式如下。

- 让你的服务或者产品超出预期（比如海底捞的服务）。
- 意见领袖的引导，激发参与动力。
- 媒体报道，话题讨论助推。
- 公益号召，众包愿景的实现。
- 虚拟利益，授予精神层面的利益。
- 奖金、奖品等利益的驱动，但不可简单地用钱来施加动力。

要维持讨论者的传播动力，就要抓住他们的传播激情，可以通过下面这些方法实现。

- 让他们觉得自己的地位很重要。

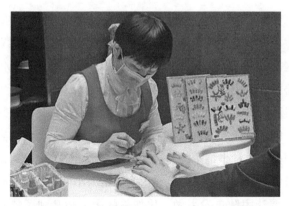

海底捞的员工为到店等待的用户做免费美甲服务

❏ 让他们充满乐趣。

❏ 提供翔实的资料和进展报告。

❏ 举办一些私密的聚会活动。

❏ 感谢他们（公开致谢，针对他们策划特权感谢活动）。

❏ 建立使者项目（邀请他们出席活动，给予特别对待）。

你可以建立一个具有一定排他性的机制，比如下面的机制。

❏ **定制奖品**：为用户发放特制的徽章、胸针或其他定制奖品来奖励他们所做的贡献。

❏ **优先提供资讯**：积极的讨论者往往都希望获得企业最新资讯，他们想比别人提前知道将会发生的事情。

❏ **提供专有内容**：讨论者需要了解企业的产品知识、熟悉产品性能等，以巩固他们的专家地位。

所以我们应该持续不断地为专家型用户提供独家信息。这样他们才会乐此不疲地帮助企业宣传，形成良好的互动关系。其中典型的案例就是苹果公司会提前给博主提供一些新品的消息，以激发他们的传播激情，最终通过他们将消息扩散到大众中去。

注意，提供相应的激励和奖赏往往会降低口碑的宣传作用，原因是大家会对其动机产生怀疑。口碑不是简单的买卖！激发用户传播的动力，更为重要的是认可与参与性。让用户与企业建立情感的联系，这样才可以长期有效地驱动他们帮助我们传播，即传播动力的核心秘密是让用户成为企业的一员。

我们还需要让用户愉悦。取悦用户意味着把善良和智慧付诸行动。用户的喜悦通常源自成本不高的小事，例如给感冒的客人送一壶茶。但是，这种事情不能通过规定或激励员工来完成，那会让人感觉很机械、缺乏真感情，最终因为事情太小而无法得到想要的效果。你需要让团队自发去做，比如你的团队招募到了特别细心且乐于做这种事情的人，他们会因为好好照料了客人而感到骄傲和满足，那么你就需要提拔他们担任一线领导者，因为他们可以营造一种氛围，激发其他员工表现出自己的最佳水平。

苹果公司发现，广受欢迎的产品和醒目的店面设计并不是用户给出高分的首要原因。用户最中意的是店员们热情友好的态度和娴熟的技能，这些信息让乔布斯对招聘、培训和提拔优秀的店铺工作人员非常重视。

宝宝树激发和保护妈妈群的传播动力

在互联网时代，当新媒体逐渐成为培育意见领袖的新土壤时，宝宝树发现寻找营销关键人时，不仅要关注意见领袖是谁，还要关注在营销推广的某个关键时刻谁更具有影响力。

宝宝树通过观察分析，发现达人妈妈具有 3 个明显特点：首先，相较于其他用户，这一群体拥有更为强烈的写作与分享欲望，通过生活记录，与平台中的更多妈妈交流；其次，她们所分享的方法、内容，以及说话的语调，较容易得到他人的认可，可吸引一批粉丝关注，具有较强的说服力；另外，这些达人妈妈在关心自己之余，更愿意关注社会，不仅希望及时了解突发事件，还愿意对此发表自己的见解，从而影响身边人群。

　　宝宝树在发现自身的意见领袖之后，会对其价值进行深度挖掘、使用，但是宝宝树会把握一个"度"，即对于意见领袖营销价值的挖掘，应该做到顺水推舟、水到渠成，给予她们一定内容创造的空间，而不是让自己成为指挥棒。真正的意见领袖对于品牌产品的态度，应该出自自身真实的想法，因而广告主应该以更为真诚的态度与网民进行互动沟通，为其营造更为自由宽松的讨论氛围。同时，当遇到一定的营销需求时，品牌应当快速给予回应支持，主动帮助她们解决问题，从而让其逐渐围绕在品牌周围，更为主动地帮助品牌进行营销推广。

　　宝宝树会主动帮助意见领袖举办活动，让这些达人妈妈发表自己的见解与看法，而不去干预其观点。同时，宝宝树也会以赞助的形式，展示出产品，借助这些达人的力量，获得更多用户的好感。在广告主产品营销方面，宝宝树也会给予这些达人妈妈预先知晓权，让其能够先行体验新产品，把自身使用的感受发布在宝宝树社区内，逐渐形成品牌意见领袖主导的讨论圈，有效提高品牌知名度与用户对品牌的好感度。

　　激发和保护传播的动力，核心是激发和保护社群中意见领袖、品牌达人积极参与讨论和传播的动力。宝宝树不是硬性地收买，而是通过更为人性化的机制或活动来和达人妈妈做朋友，让她们自主、自愿分享以获得商业价值。

5.8　疯传与裂变式连接

　　引爆背后的潜台词是传播的可持续性。内容的可持续扩散、产品的指数级增长等话题都需要关注裂变系数的设置。裂变系数是持续引爆的关键指标。

5.8.1 疯传与增长背后的数学

在国王和智者进行博弈的寓言中，智者对国王的封赏提出了一个"小小的要求"，他只要求在第一个国际象棋的棋盘方格放一粒稻谷，以后每个方格放的稻谷都是前一个方格的 2 倍。国王以为自己占了便宜，所以就答应了。结果令国王惊呆了：放完一个国际象棋棋盘的 64 个格子，竟然需要 2 的 64 次方粒稻谷，大概是 18 447 000 000 000 000 000 粒，这就是指数增长的威力。

梅特卡夫定律（Metcalfe's Law）告诉我们，如果一个网络中有 n 个人，那么网络对于每个人的价值与网络中其他人的数量成正比。里德法则（Reed's Law）则认为，该定律低估了网络的效应，它主张网络效应的增长速度是 2 的 n 次方，这意味着拥有 64 个节点或用户的多对多社交网络，其价值就和上述寓言中的效果一样惊人。

群体的扩散总是一开始比较慢，当采纳者达到一定数量（即临界点）后，扩散过程会突然加快，且这个过程会一直延续，直到系统中有可能采纳的人大部分都已采纳，到达饱和点，扩散速度才会逐渐放慢。采纳者的数量随时间呈现出 S 形的变化轨迹。

5.8.2 裂变系数与裂变式扩散

裂变系数是产品在人群中扩散引起链式反应的系数。当裂变系数大于 1 时，裂变式传播启动，企业的用户数量呈现指数级增长趋势。裂变系数即传播的能力，如果每一个用户或者受众可以继续传播下去，每个人影响（发展）超过 1 个人，那么裂变的游戏规则就可以持续下去。有人将裂变机制原理比作"干柴烈火"，如果火遇到的都是点不燃的、湿湿的柴，那这星星之火会直接灭掉；如果火遇到一小部分干柴，则可能会慢慢烧起来。可见，柴是否够干，对火势的影响是很明显的。也就是说，裂变系数越大，说明越有机会引爆增长。

表 5-1 给出了裂变系数与用户增长数量的关系。可以直观地看到，裂变系数不同，9 个周期后引发的结果有天壤之别。

表 5-1　4 种不同裂变系数下用户增长数量

周期	用户增长数量			
	裂变系数为0.6	裂变系数为0.9	裂变系数为1.2	裂变系数为3
0	10	10	10	10
1	16	19	22	40
2	20	28	37	130
3	22	36	55	400
4	24	43	76	1210
5	25	49	102	3640
6	25	55	133	10 930
7	25	60	170	32 800
8	25	64	214	98 410
9	25	68	267	295 240

表 5-1 中，当有 10 名新用户加入 4 种不同的裂变系数机制后，将会发生不同程度的裂变。其中，最为明显的是裂变系数为 3 的裂变，这种网络效应越到后期，效果越明显，这就是用户累积的力量。互联网新品的引爆就是要尝试构建这样的病毒机制，如果这一步没有做好，裂变机制虽然会带来一定增长，但最终会随着时间的推移而逐渐走向平稳或暂停增长。

除了裂变系数外，很多人往往会忽略另一个重要因素——传播周期，即一个用户完成一次病毒传播的时间。假设 A 和 B 两个裂变过程的裂变系数都是 2，裂变传播周期分别是 1 天和 2 天，那么经过一定时间后，这两个裂变过程产生的效果将出现巨大差异。

从裂变系数看 SARS 流行

2003 年 2 月底，SARS 开始其多伦多之旅。正如 David Quammen 在其 *Spillover*（中文版名为《致命接触：全球大型传染病探秘之旅》）一书中描述的那样：加拿大一位 78 岁的老妇人携带病毒进入加拿大，一周之后她的儿子因此离世，很快多伦多市民中有几百人感染，其中 31 人死亡。多伦多感染的病人中有一位 46 岁的菲律宾妇女，她在医院做护工，乘坐飞机回国，导致病毒在菲律宾扩散。

回溯相关的新闻报道，我们发现了一条病毒在人群中扩散的清晰路径：Z（为了保护对应人的权益，此处隐去真实姓名，以下同）被称为 SARS 的第一个"超级传播者"。超级传播者是指因其导致的直接感染的患者人数很多的 SARS 感染者。Z 于 2003 年 1 月 30 日在一家医院就诊。他只在这家医院住了 2 天，就感染了 30 多名医护工作者。在转院的过程中，又导致 2 名医生、2 名护士和 1 名救护车司机感染。在第二家医院，Z 又感染了 23 名医生和护士、18 名病人及其家属。

Z 就诊的第一家医院的内科教授——64 岁的 L，在不知被感染的情况下，前往某城市入住某酒店 911 房间。911 房间在楼道的中间位置，正对着电梯。而上文提到的来自加拿大的 78 岁老妇人，当时就住在 904 房间，在楼道对面的另一侧，距离 L 只有几步之遥。也许他们曾经在电梯或者楼道里擦肩而过，总之她被感染了，病毒潜伏在她的身上开始了全球之旅。

同样，一名新加坡的年轻女孩也入住了该酒店的 938 房间，也很不幸被感染了。她回到新加坡后感觉身体不适，进入医院就诊。病毒自此在新加坡开始扩散，在被她感染的病人中甚至出现了多个毒王，其中一位女士在住院期间先后感染了 27 个人。

2003 年 3 月 15 日，某架飞机上有 120 名乘客，其中一名男子发烧并伴有严重的咳嗽，后来经检查确认他感染了 SARS 病毒。3

小时后，当飞机抵达目的地时，机上 22 名乘客和 2 名机组人员均被该男子感染上 SARS 病毒。这些乘客又将 SARS 病毒传播到飞机目的地所在城市的 70 家医院，相继感染了将近 400 名医护人员、病人及其家属。

超级传播者加速了 SARS 在人群中的扩散，经分析发现，SARS 感染的第一波人群主要是医护人员，而医护人员工作的特殊性又给病毒扩散提供了便利性。医生处于社会网络图谱中的中心位置。

我们在设置裂变传播机制时，如果仅简单地邀请你的好友加入，裂变系数可能不高。这时我们努力的方向应该是优化裂变系数，让循环持续下去。例如，当年 Hotmail 引爆的秘密武器是在邮件的下方写上"×××好友，来 Hotmail 领取免费邮箱吧！我也在用它们。"，从而引发网络裂变传播。Hotmail 中 80% 的用户来自朋友推荐。典型扩散是，初期 Hotmail 的软件工程师给远在印度的朋友发了一封邮件，3 周后在印度就新增了 10 万用户。这就是裂变扩散的网络效应。

你也可以在分享便捷性或工具上下功夫。例如，腾讯的微信初期通过通讯录来扩大客户群。腾讯公司通过向已有 QQ 号码的用户提供通讯录备份来收集数据，然后依据手机号码向用户推荐通讯录中友人的微信号；同时允许用户通过微信账号绑定 QQ 号，或者直接用 QQ 号注册并登录微信，然后监测之前 QQ 号上的联系人是否已经在使用微信，促成社交关系的匹配，这让微信在较短时间内新用户注册突破 3 亿。

总之，裂变传播机制的灵魂是让裂变系数高起来，裂变系数达到 1 仅仅是刚起步。

汉堡王让裂变连锁反应持续下去

汉堡王推出了一款 Facebook（现在更名为 Meta）应用，如果用户删除 Facebook 上的 10 名好友，可获得一个免费大汉堡。在不到一周的时间内，共有 8.3 万人在 Facebook 上删除了好友，而被删除的好友数量达到 23.4 万。

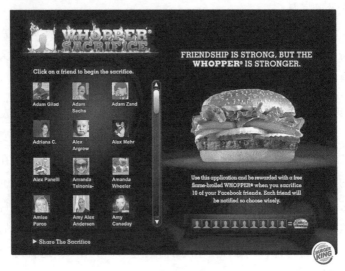

汉堡王的删除好友活动

令很多人难堪的是，如果你被某人删除了，你会自动收到应用给你发出的通知：告诉你，你已经成为一个汉堡的牺牲品。哈哈，不服气，那你也来安装看看！

为了扩大人与人连接的效果，在好友的提示信息中，会有安装这个插件的提示语：达到一传十、十传百的效果！

从人与人连接的角度看汉堡王的传播是优秀的，引发了社交网络圈的扩散。人与人的互动，娱乐性是根本。为汉堡，不妨娱乐一下。

5.9 本章总结与实践题

连接在新 4C 法则中解决信息及产品如何在社群里快速流动的

问题。如果没有最终临门一脚的连接链式反应，就无法引爆社群。之所以能够明确宣布大众传播时代已经结束，背后的支撑是垂直社群及跨社群的连接功能。

实现引爆社群需要掌握社群的网络结构、中心节点、社群个体的状态以及镶嵌在社群网络结构中的情感、信任、社会资源等图谱情况。

连接背后的行为逻辑是：连接的动机是互动，在互动中构建关系，获得关系后可以攫取社会资源。连接不是随机的，会有一个势能评估的过程。有势能的组织（个人）更有意选择势能强大的节点进行连接，没有势能的虽渴望获得有势能的连接，但是现实是残酷的。获得势能的过程就是获取更多指向性连接的过程，也是优化网络结构位置的过程。

实践题

☐ 写出阻碍内容流动的 3 股力量，并针对性地提出打通连接的方法。

☐ 构建传播网络体系，分层列出 KOL、KOC 名单。

☐ 写出刺激人与人传播的 5 个举措。

☐ 寻找裂变营销案例，分析其裂变系数与裂变机制。

☐ 从社会关系网络的角度分析微信群的健康度与问题。

☐ 策划和创造谈资，最好是一系列体系化的可以引爆线上线下社群的谈资。

6

走向未来的新 4C 法则

不仅要学习知识，更要转换思考模式。坦克带来的不仅是攻击工具的变化，更是作战方式的变革。

——佚名

前几章从不同角度解析了新 4C 法则。本章将梳理各个 C 的外延或新趋势，给出面向未来的一些思考。

6.1　欢迎进入场景感知时代

围绕时间、地点、需求、情绪等构建的每一个场景都有其独特的价值与存在状态。随着技术（尤其是物联网、大数据、人工智能及相关技术）的发展，我们正在走入场景感知的时代。

场景感知指的是借助技术等手段，你可以更方便地理解、测量和认知场景及其蕴含的商业价值。场景感知让你更懂世界，更懂客

户，更懂如何沟通！

物联网技术是场景感知最主要的推动力量。物联网生成的海量数据将有助于机器学习算法的优化，从而进一步增强机器的预测分析能力。物联网意味着有更多的接触点来获取数据，通过跟踪客户收集各种信息，你能够识别客户最敏感的活动类型，以及影响购买决策的条件。现在你可以将归因分析与来自客户的数字足迹、设备使用和交互等信息相结合，以了解客户对不同营销活动的反应。物联网提供了跨所有接触点进行跟踪并进行实时优化的功能。

数字零售解决方案公司 QRS 是高通的子公司。QRS 创建了 Gimbal 平台以求充分发挥场景感知能力和邻近感应能力，匹配的信息能够贴合消费者的需求，为消费者提供个性化的内容，帮助零售商和品牌商吸引消费者。Gimbal 提供在线、低能耗和基于地址围栏的位置感知服务。使用该平台的服务开发的 App 能够感知移动终端用户的位置，包括用户到某一位置、离开某一位置的时间，以及停留的时间（例如，早上 9 点到达办公大楼，下午 3 点离开，停留 6 小时）。

例如，消费者在购物区长时间停留，商家就会判断消费者需要更多信息才能做出决定，或者还没有找到心仪的商品。商家通过相关数据，可以为客户提供量身定制的服务。Gimbal 平台通过整理、分析数据，知道你住在哪儿、在哪儿工作，早上是偏爱去健身房还是开车送孩子上学。Gimbal 通过场景感知推送的信息不仅要考虑客户当前身处何地，还要考虑当前时间点和客户喜好。当然，Gimbal 平台旗帜鲜明地指出它将严格遵守相关隐私保护政策，以更好地满足用户需求。

梅西百货（Macy's）、苹果自家的实体店都开始使用 iBeacon

（苹果公司的场景感知系统）来提升消费体验。通过 iBeacon 的定位功能，店家能够了解潜在消费者经常驻足的地方，并据此制作广告、推广产品信息，甚至通过分析改变商品的摆放位置，以最大限度地迎合消费者的偏好。

依赖天气的物联网广告

可以使用特定区域的当前天气状况和即将到来的天气来投放高度相关且准确的依赖天气的广告。通过使用客户的位置数据，依赖天气的广告可以为客户提供符合场景和个性化的消息传递，从而引发情绪反应并促使他们进行购买。

企业可以根据预测的客户出现的位置和时间来控制广告的播放。因此，广告可能只会在阳光明媚或暴风雨来袭时播放。

天气是客户情绪的巨大驱动力。许多人表示，在冬季或下雨的时候，他们会有更多的悲伤情绪。事实上，5% 的中国成年人患有季节性情感障碍症。

对场景信息进行处理，意味着获得洞察客户的能力。收集和处理客户的场景信息是非常有用的。通过移动互联网、社交网络、物联网传感器、交易行为、网页浏览行为等收集到的数据可以构建客户此刻的场景。

对客户的需求做出预判，给出每个客户的画像，努力做到一人一像。客户画像融合了客户的情感和物理信息，企业可以基于客户画像为客户提供最有价值、最充实、最匹配的体验。例如，你可以获得如下信息。

- ❑ 通过传感器可以了解客户的物理信息，如所处环境的温度、湿度以及所处的位置等。
- ❑ 客户的情绪及心情状态。
- ❑ 客户购买习惯。

❑ 深入了解客户当前处于购买过程中的哪个阶段。

❑ 收集以前无法获得的关于客户如何与设备和产品互动的数据。

❑ 客户之前浏览过哪些内容，对哪些内容有偏好。

❑ 客户访问页面的深度、停留的时间、离开的时间。

感知场景后，你可以从如下几个角度赋能商业价值。

1. 提高客户参与度

场景感知的发展目标是通过预测客户的需求来创造与客户的互动。你不仅可以将你的品牌展示在客户面前，还可以鼓励客户积极参与你的营销传播活动。你与客户的互动越多，你留住客户并将他们转化为品牌拥护者的机会就越大。

2. 不打扰客户

没有人喜欢被打扰，但是若是你的消息正好可以满足客户当前的需求，那么你的这次推销活动就不是打扰，而是帮助。现在想象一下：夏天到了，天气很热，但是你的旧空调机却出现了故障。你在社交媒体上抱怨气温太高。随后，你的计算机上就出现了一个带有空调折扣优惠券的弹窗。你点击查看优惠信息，发现这是一个有诚意的促销，你马上采取了下一步行动。

和谐的消费世界，要靠场景感知来减少噪声。

3. 更多的销售和收入

由于你是在客户即将购买时发布的相关内容，所以这些内容具有针对性、个性化和销售导向，因此转化率会更高，你的销售额也会增加。这比针对普通大众进行的大规模、传统营销的效果要好得多。

4. 场景感知改善客户旅程

客户旅程是每个购物者从他们与企业第一次互动开始到正式购

买商品为止的完整路径。

在当今的多渠道环境中，绘制客户旅程图是一个艰巨的任务，更难的是预测该旅程的下一步。但是拥有了场景感知，你就可以提供客户梦寐以求的旅程。

场景感知创造了这样做的机会：你可以领先客户一步，立即并正确地满足每一个新出现的需求。

场景感知时代的来临，使传播从大众传播走向定制化、个性化传播。场景感知是一个方向，最理想的状态是针对每个客户都可以做到精准感知。但是就目前的技术来说，实现场景感知还存在一些难度。例如，对客户情绪场景进行研究就存在较大的困难。如何界定客户当下是高兴的、悲伤的，还是平和的？是采集生理数据，还是通过客户在移动终端上的访问行为（例如，客户频繁打开页面和关闭页面，页面驻留时间短，进行非常规浏览，由此可以推断出客户处于烦躁情绪）来界定？

6.2　Web 3.0 时代的新社群玩法

6.2.1　价值观驱动社群发展

关于社群的未来发展，笔者要强调的是，你要有对价值观与信念的坚持，这对社群来说越来越重要。随着新消费文化的崛起，关注 ESG、绿色低碳、环境友好、更高的社会责任感是社群的内核。捍卫你的品牌，永远明确自己的目标。

美体小铺是全球知名的价值驱动型企业之一。这家英国的公司支持社群贸易的主要做法是在全球范围内从当地贫困群体手中采购天然生产原料，这种做法不仅彰显了企业的独特品牌定位，而且有效地缓解了原料采购地的贫困问题。

美体小铺有一个非常有名的做法——坚决反对动物实验。实际上，早在欧盟制定相关法律之前，这家富有前瞻意识的企业就已经要求自己不在动物身上进行任何产品实验了。显然，这种做法对企业来说既不经济也不符合常理，但是它却帮助美体小铺成为英国最成功的化妆品零售商，成为崇尚天然产品的客户心目中最神圣的品牌。

根据 Shopify 的研究，全球超过 70% 的客户希望企业使用更多对环境友好的包装。为了满足客户对可持续包装的需求，欧莱雅把包装科技提到更高的议程上。

欧莱雅与资生堂、LVMH 和 Shiseido 一同发起了化妆品可持续包装倡议（SPICE）。欧莱雅承诺，未来要将所有的塑料包装替换成可再充填、可重复使用、可回收或者可降解的包装。

清晰地传达你的价值，永远不要在这个问题上妥协。

6.2.2　Web 3.0 时代的社群运营

关于 Web 3.0 的概念与定义虽然不统一，但现在已经逐渐达成如下 4 点共识。

❑ 数据确权与授权。

❑ 去中心化运行。

❑ 数据资产经营与管理。

❑ 隐私保护与自主权。

Web 3.0 的核心是民有、民治、民享。

❑ 民有，就是数据彻底归用户自己所有，任何人不能掌握。区块链钱包从技术上确保了这一点。

❑ 民治，通过 DAO、投票等让每个人都可以投票决定某件事的发展。

❑ 民享，利益取之于民，用之于民。

只有拥有 Web 3.0 的社群才能抓住大时代的发展机遇。你要从互联网时代的痛点、客户体验心智模式切换到为客户赋能、增值上来，即与社群参与者一起创造财富，分享财富，而要实现这一点，Web 3.0 是基础技术。

在社群运营过程中如何激发并奖励有价值的内容？你可以看到 Web 3.0 时代在这方面的趋势与应对之策：去中心化社群奖励系统由创建内容的人、参与交互的人（通过喜欢、评论和分享）以及平台本身组成。每个人都扮演着重要的角色，每个人对内容变得有价值都可做出自己的贡献，因此都应该得到适当的奖励。

使用基于区块链的解决方案，可以跟踪和量化社群中内容的交互，使每个参与者都可基于实际贡献被给予适当的奖励。从创建者到最终消费者，所有参与内容交互并使内容变得更有价值的人，都会得到相应的奖励。在平台上发文章会获得奖励，点赞以及评论也会在不同程度上获得奖励，这样才能最大化激发社群所有成员的热情。

6.2.3 元宇宙是新空间，更是接触年轻人的新方式

元宇宙是人类运用数字技术构建的、由现实世界映射或超越现实世界的、可与现实世界交互的虚拟世界，是一种具备新型社会体系的数字生活空间。

"元宇宙"这个词更多的只是一个商业符号，它本身并没有什么新的技术，而是集成了一大批现有技术，例如 VR、AR、MR、传感器、大数据、人工智能等。

元宇宙空间虽然有物理属性，但更多的是想象成分。你认为有烟火气的群，只不过是一堆 ID 标识与数字。

目前参与到元宇宙空间的玩家更多是年轻人，企业接入元宇宙营销是想抓住窗口期，在新空间与年轻消费者来一场共创与互动。

元宇宙中的品牌激活——Gucci

在过去的几年里，Gucci奢侈时装屋在元宇宙中进行了多次激活。品牌发布了Gucci Virtual 25，这是一款可以通过AR技术或Roblox、VRChat等应用程序穿戴的数字运动鞋。Gucci Town是Roblox中的一个永久空间，玩家可以在这里了解更多关于品牌的信息，并通过虚拟服装来表达自己的风格。

Roblox上的玩家可以购买设计师的独家作品，例如Gucci Dionysus Bag with Bee这个包以超过价值4100美元的Roblox的游戏货币——Roux被转售，超过了实体包的价格。

从营销的角度来看，Gucci给年轻人传递出这样的品牌信息：Gucci是各种意义上的潮流引领者。品牌不惧怕变化，并乐于尝试以新的方式在新空间与客户互动。

元宇宙将改变社群体验。客户倾向于将元宇宙中的品牌视为创新品牌，你需要确定原生广告、沉浸式体验（包括游戏、虚拟商店、活动和赞助）和现实世界产品之间的平衡关系。虚拟商品的销售已经是一个大市场，那些具有前瞻性思维的品牌正在尝试不同的创收机会。

6.3 内容新形式与引发的再思考

当聊到内容时，更多人想到的是文案。确实可以把内容粗浅地理解为销售文案、广告文案、EDM等。但本书所说的内容其实具有更为广泛的意义，例如元宇宙中VR、AR、XR是内容，销售员向客户讲的话是内容，短视频、微信、微博发布的是内容。

业界之前很少系统地关注内容在互联网传播中的应用，但是在新 4C 法则中内容是决定传播效果最重要的一环。内容的质量直接决定了传播原动力的大小。

随着内容营销的深入，内容发展呈现出如下趋势。

❑ 偏向故事化。

❑ 注入情感、温度、价值观。

❑ 元宇宙类 XR 内容方兴未艾。

❑ 视频、直播类的内容正当时，且逐渐成为主流。

❑ 在 B2B 领域，企业白皮书、客户成功案例、研究报告等成为制胜的关键。

宜家内容营销的核心能力是原创，以及在原创内容中注入情感与温度，将客户体验与其线上、线下产品相结合。最经典的案例是，晚上在宜家商店放出 100 只猫，在它们漫游时拍摄它们（如图 6-1 所示）。尽管这样的内容营销工作需要投入大量的时间和资源，但投资回报率是显而易见的。宜家猫视频不仅持续得到粉丝关注，还帮助宜家构建了自己的独特粉丝群。宜家单独建立了 Meta 页面、YouTube 频道和无数专门针对活泼猫科动物的模仿应用，这样精彩的内容提供了与客户进行周期性互动的机会。

图 6-1　宜家的内容营销（猫视频）活动

数字藏品，与年轻人沟通的新内容载体

NFT（Non-Fungible Token，非同质化通证）是在区块链上经过身份验证的独特的数字物品。NFT 的身份验证过程与加密货币（如比特币）所用的技术相同，可以在公共、不可更改的分类账上跟踪每个 NFT 的所有权。NFT 对品牌意味着什么？数字营销人员敏锐地意识到，围绕着消费者隐私法规和客户获取成本飙升所带来的日益严峻的挑战，需要寻找新的方式来吸引下一波超级消费者（95 后、00 后），而 NFT 就有这样的潜质。

品牌如何利用 NFT 和 Web 3.0？企业利用 NFT 进行内容营销的具体形式如下。

- ❑ 向用户提供专属礼品、卡券、会员权益。
- ❑ 打造 NFT 装备。
- ❑ 形成用户的品牌参与感及认同感，让 NFT 成为用户的"社交货币"。
- ❑ 通过 NFT 与实物产品进行联动，形成矩阵及溢价。
- ❑ 与头部 NFT 项目进行跨界合作，这就相当于 IP 借势。
- ❑ 通过 NFT 的发行来测试、收集客户反馈，并"反哺"产品研发体系。
- ❑ 通过 NFT 来奖励客户为社群做出贡献，形成 NFT 积分制下的社群内容创作经济。

无论你的观点如何，以 NFT 等为代表的创新数字内容文化，都会深度影响你的数字营销。正如没有营销人员想成为房间里最后一个了解短视频的人一样，也没有人愿意在 NFT 领域成为后知后觉者。但是大家要注意，NFT 只是面向未来的一种内容形式，是获得品牌认知、客户忠诚度与销售业绩的一种手段，并不是什么可以开启所有获利模式的万能钥匙，现在使用的一些手段，还有类似新 4C 法则这样的方法论，未来依然很重要。

当然，客户的口味不是一成不变的，你需要时不时地更换内容呈现形式来测试他们的反应。内容的风格不是企业说了算，而是由客户决定的。好消息是现在的互联网工具、平台都或多或少会提供相关的统计数据，可以帮助你改善相关内容。

在内容方面，国内外也有许多研究成果。其中，奇普·希思（Chip Heath）和丹·希思（Dan Heath）在《粘住》一书中对如何让内容深入人心这个问题进行了深入探讨，他们提出了 SUCCES 模型。

1）**简洁（Simple）**：抓住核心，一语中的。采纳一个想法并进行提炼，删除所有非实质性的东西。例如，"怕上火，喝王老吉"就是这方面的典范。

2）**意外（Unexpected）**：出奇制胜。例如，海底捞的客户服务被广泛传播，是因为海底捞的服务超出客户已有的期望，它不只为客户提供就餐前的免费美甲、免费更换手机贴膜等服务，还为客户提供一些意外的礼物。

3）**具体（Concrete）**：确保任何构思都能很容易被领会并记住。

4）**可信（Credible）**：内容要有可信度。鲜明的细节可以增加信息的可信度。斯坦福大学的教授曾质疑 LLDE 组织（一家主要从事艺术舞蹈创作的公司）表述的"多样性"。对此，LLDE 的组织者并没有简单地回答何谓组织的多样性，而是通过一个鲜明的案例来诠释。LLDE 组织中最久的会员是一位名为托马斯·德怀尔的 73 岁老人。他之前为美国政府工作且没有任何舞蹈经验，在 1988 年退休后就来到这里。这个细节让在场的教授们都沉默了，这就是可信度。

5）**情感（Emotion）**：帮助人们领会内容的真谛。关于反对吸烟广告的研究表明，诉诸情感的广告比以事实为基础的广告更具有说服力且更加难忘。

6）**故事（Story）**：利用讲故事的方式让人们产生联想。研究表明，叙述能够引起心理刺激，可视化（把抽象的事务转为具有画面感的事务）又能令记忆和学习变得更容易，故事就具有叙述和可视化的双重属性。故事的关键在于情节，所以在构建故事的时候需要构建富有挑战性、创造力的情节。

6.4　新渠道——新网络的连接

连接在新4C法则中用于解决传播覆盖面的问题。数字智能时代，你不能再期许通过简单的、一次性曝光的方式解决所有传播问题，而是要思考如何针对特定社群进行定向引爆。一次性曝光效果下降的原因是消费者已经不在大众传媒渠道上集中消费内容了。

6.4.1　内容在社群中如何传播

之前社会学是无法刻画出传播的路径及行为轨迹的，只能通过数据来做后期分析。随着物联网、社交网络、大数据的崛起，行为传播方式变得可测量或部分可刻画，这也为我们理解社群的传播行为提供了新方法。

在大众传播时代，传播是通过工业化集成的方式对用户进行一次性倾倒、覆盖，更多考虑的是广度。移动互联让传播行为（转发、分享、评论等）可以用技术来表述，这为我们有选择地让信息进行渗透、提升传播效率提供了基础。这就是当下商业信息传播相对之前的传播方式最为重要的变化。

在探索人与人的连接时，笔者引入了社会学、社会网络分析（SNA）等领域知识。我们可以以社会网络分析等基础内容为抓手来构建社群传播的结构流动图。其中，社群网络图谱、传播动力学是笔者在探索人与人连接时更为关注的。比如，笔者发现配合 KOL、KOC、传播网络节点进行传播的目的是加速扩散，这是从效率角度思考的结果。

传播动力学思考的角度是内容、刺激、接受者阀门$^{\ominus}$等。在构建传播的方法体系时，只有解决了传播动力学等传播问题，这次的传播才可能是一个可控的行为，否则传播的行为可能不会沿着预期方向扩散。

软性层面的人的心理、行为也是影响产品病毒扩散的重要因素。如果不结合人进行传播及分享，仅依赖数据分析，最终病毒扩散的结果将是不可信的。

风靡全国的兰州拉面馆究竟是哪个地方的人开的呢？你可能会说，那还用问，当然是兰州人开的了。但是事实上，市场上大部分的兰州拉面馆都不是兰州人开的，而是一个叫作"化隆"的地方的人开的。

化隆县是青海的一个县。化隆县第一个走出去做面条的人是韩录。当时拉面并不被人们接受，韩录只好在拉面馆门口展示拉面技艺，逐渐吸引到顾客，开始挣钱。韩录赚到钱以后，榜样的力量就出现了，化隆人看到了都拖家带口出来开拉面馆，但他们卖的不是"化隆拉面"，而是"兰州拉面"。

兰州拉面的引爆扩张，靠的是一个紧密的同乡连接网络。一个人挣到钱以后，就把亲戚朋友也带出来。亲戚朋友出来后，第一年做跑堂的伙计，第二年做拉面的厨子，第三年自己开店当老板。通过这样的"传帮带"，一家一家拉面馆迅速扩张出去。

兰州拉面馆、新化打印店等独具特色的同乡同业产业，都是因

$\ominus$　接受者阀门探讨的是接受者在应对传播信息时的应对状态，刻画的指标有接受者的阻力、行为意愿程度等，与前文介绍的接纳门槛类似。

为相关的商业机会与信息沿着人际关系的网络图谱，在以特定地理位置为范围的圈子内传播，并最终产生特定产业规模效应。族群中先行者的实践打消了屏障和阻碍，让后来者有了学习的模范，再加上人与人连接形成的网络，让资源、经验有了累积效应。

6.4.2 物联网、传感器等激活新连接

新连接的概念正被拓展。社会网络的连接更多停留在人与人的连接上。而物与物的连接（例如物联网）、人与物的连接（例如可穿戴设备）才是更为广阔的连接常态，势必会成为未来新4C法则在营销领域落地的关键。

在数字智能时代，人们之所以这么重视连接，其中很大一部分原因是传感器、AR和VR的大规模渗透与采用。连接力的背后是传统意义的空间被压缩，在此基础上营销逻辑与竞争的游戏规则被重构。

在人与物的连接中，最重要的是看能不能做出满足日常场景及使用行为的具有连接属性的产品。这类产品需要将边缘计算、大数据、物联网、人工智能等科技注入其中，通过整合为用户创造价值。

亚马逊的echo智能音箱（见图6-2）就是可以实现人与物连接的设备。通过echo智能音箱，你可以控制电灯、电视、洗衣机，可以获取新闻、音乐、交通、天气等信息，也可以进行网上购物、金融理财。例如，当冰箱里面的酸奶或者食品低于一定的额度时，你可以通过语音的方式将商品添加到购物车，然后完成支付和结算。再比如，对于信用卡还款等琐碎而又经常发生的事情，你可以将其变成一条语音指令给到echo智能音箱，在授权给API的情况下它能自动定期完成信用卡还款操作。

图 6-2　echo 智能音箱

可穿戴设备、智能跑鞋、智能马桶等产品可以检测心跳和睡眠质量等数据并据此发现用户健康问题，为商家创造销售和开发产品的机会。

检测药片效能的传感器已经问世。美国食品与药物管理局已经批准了第一批配有可吞咽追踪系统的药品。智能药片 Abilify My Cite 中含有记录药物消化情况的传感器。这种药片自身没有药效，它采集的信息会发送到可穿戴设备上，然后再传输到手机应用程序。这款产品的理念是，让病人通过智能手机就可以看到药品在自己体内的消化情况。这款智能药片目前专门用来治疗精神分裂症。

物联网将成为数字智能时代很重要的组成部分。物联网产品的出现可以让产品质量管理更上一层楼，如今企业可以对产品在真实世界中的表现进行持续监测，从而发现并解决那些新产品开发中模拟测试无法探测到的设计问题。

卡特彼勒推出的 Cat Digital 正在将数据转化为改变业务的应用程序，这一切都从连接资产开始。卡特彼勒将超过 120 万个连接资产的远程信息处理数据导入数字平台，在数字平台上应用高级分析和机器学习技术以及工程数据，通过应用程序为客户提供增值服务。"没有人像我们一样了解我们的产品，因为卡特彼勒工程师知道我们的资产在现场发生了什么，并且可以设计数字解决方案来解决对应的问题。"卡特彼勒的高管 Busen 在接受采访时说，"这种垂直整合使卡特彼勒脱颖而出。"

❑ 服务信息：凭借 150 万个零件编号，卡特彼勒已经将客户和经销商访问服务信息的方式数字化。卡特彼勒将最常用的应用程序转向基于云的解决方案来实现，并改进内容组织，以便用户可以快速找到他们需要的信息。

❑ 物联网连接可以实现状态监测：卡特彼勒的代理商基于状态监测工具得到的信息为用户推荐定制化服务，以保证客户设备始终以最佳状态运行。

❑ 潜在客户和机会管理：卡特彼勒正在使用数字信息来确定客户的优先级，并在合适的时间为客户提供适合的解决方案。

以 AR/VR 为代表的技术将现实世界和数字世界融合，并重新定义了营销的新核心能力，尤其是基于连接的新营销。基于各种新的技术，你需要从产品、市场、用户、组织等各个角度重新构思和想象营销的方式。虽然说你无法精确预知未来情景，但是你可以在有限想象力的基础上探究涌现出来的大趋势，在边做边迭代的过程中与时俱进。

宜家紧跟最新的技术趋势，AR/VR 就是其应用的新技术之一。宜家基于 AR/VR 推出的 IKEA Place 应用为客户提供了综合视图，如图 6-3 所示。对于客户来说，之前他们只能看到宜家的产品目录，无法想象家具在他们家中的情形，也就是无法确认这些家具与自己房间的适合度，AR/VR 技术可以在这方面为客户提供帮助。人们购买宜家的产品前会使用 IKEA Place 应用程序放置他们心仪的家具到指定的位置，从而确认这个家具是否适合自己。

图 6-3　宜家应用 AR/VR 技术

宜家提供的这种独特的虚拟体验让客户拥有一段难忘的旅程，客户通过 VR 技术在购买前试用厨房，甚至尝试着做饭！宜家使用 VR 技术来贴近客户并获得他们的忠诚度。

6.5　融合的新 4C 法则

想要充分发挥新 4C 法则的力量，需要融合 4C，做到灵活利用，不拘泥于框架。灵活利用新 4C 法则的核心是：在合适的场景下，找到特定的社群聚集生态或部落，通过合适的内容触发人与人的连接，进而成功引爆社群。

1）场景是一切行为发生的环境和前提，选择合适的场景，可以让其他 3 个 C 获得更好的效果。

2）我们正在从大众营销时代走向社群营销时代，在社群营销时代，不仅要求营销效率更高，而且要求营销更精准。这背后的原因是网络空间的部落化，人们基于兴趣图谱沉淀到特定社群。

3）内容永恒！

4）想引爆社群不能只在表达形式（XR、音视频、漫画等）上发力，还要基于终端载体表现形式开启人与人的连接，并最终实现病毒传播。

简而言之，新 4C 法则并不是每个 C 都均等，需要结合自身特定的业务和客户情况，制定有针对性、创造性的方案。初期先努力按照 4C 的模式和框架进行"套用"，等驾轻就熟后，就可以尽情创造了。具体落地指导如表 6-1 所示。

表 6-1　新 4C 法则落地指导

	规划	努力方向
场景	选择合适的场景（需求场景、消费场景、使用场景）	从社群与产品的连接入手，寻找时间、地点、情绪，界定清晰的场景
		社群需求最集中的场景，信息吸收最有效的场景
社群	画出作战地图：社群在互联网上的聚集地，熟悉社群结构	穷尽社群在互联网上的据点，包括 BBS、微信、微博、视频网站、博客、维基百科等
		1）熟悉社群的行为分类
		2）掌握社群的结构
		3）构建企业消费社群（互联网上的家）
内容	内容的体系、内容表达风格、内容呈现形式	1）规划传播的内容
		2）尝试多种内容表达形式（文字、音频、视频、漫画、新闻、白皮书等）
		3）结合平台特性，做满足微信、微博等平台属性的内容体系
连接	促成人与人之间的传播，熟悉人与人之间的传播规律	1）绘制社会网络结构
		2）找出社群结构中的关键节点
		3）熟悉人与人连接的传播机制
		4）助力病毒扩散

从 4C 角度剖析微信红包流行

马年春节"抢"微信红包成为热点，微信搭建的抢红包平台让全国微信用户为之"疯狂"。

数据显示，在不到 24 小时，参与抢微信红包的用户超过 500

万，总计抢红包 7500 万次以上。领到的红包总计超过 2000 万个，平均每分钟领取的红包达到 9412 个。

与投入数亿元、借其他 App 等来培育用户习惯不同，微信红包几乎不用腾讯一兵一卒，就让用户在自娱自乐的同时，轻轻松松"交出"了银行卡，开通了微信支付。

1. 场景选择是关键

微信抢红包之所以能够如此红火，选在春节及春节返乡这个特定的场景是关键。在课堂上笔者经常会和学员讨论如何借用春节返乡潮来进行政策、商业、文明行为的扩散。几亿人的迁徙，将是商业传递、观念传播、"病毒"扩散的最佳时机。错过这样的时机，一年中很难再寻觅到如此有价值的机会。

微信红包项目组也充分考虑了春节因素，不仅在其产品的设计理念上下手，还从产品的扩散影响力上下手。从春节前 10 天开始，随着大量一二线城市的年轻人回乡过年，微信红包被带到三四线城市，传播给他们的亲人、同学。一些几乎与互联网脱节的用户通过微信红包开始使用微信支付（微信支付甚至是很多人接触的第一种手机支付方式），这不仅实现了用户增长的目的，还轻松地将手机支付从年轻人推广到全民。

2. 轻松一触，引发社群热度

针对微信红包的产品及移动支付未来目标客户群的定义，微信红包的传播首先选择的社群是微信群，以互联网科技群、金融群、商业贸易群为重点引爆对象。

正如在前文中讨论的那样，针对社群进行营销活动之前，需要找到社群的所在地，熟悉社群结构，了解社群偏好，从社群成员的心理和行为入手找到最佳引爆方式。微信红包在初期扩散时，非常精准地找到了社群所在地（即微信群、朋友圈）。社群结构中的种子用户受到刺激会尝试给群里好友发红包。

3. 热议红包话题

微信红包为何这么火？微信红包已经超出了简单红包的概念，更像是一个社交游戏。微信红包是让大家"抢"，抢到的红包中金额有多有少，这样就会让每次参与的人有的炫耀、有的懊恼，从而产生话题，激发用户主动分享和传播。微信红包在"抢"之前，用户心中充满期待、兴奋和紧张；"抢"的瞬间，将微信群内的话题引爆。

4. 人与人连接：一个人能带动一拨人玩

微信红包流行的关键是人与人的连接，它是一个能够点燃社交关系链的产品。在抢红包时，用户的惊喜、炫耀、期待等各种情绪被激发出来，这将促使用户借助群及朋友圈主动进行传播。微信红包背后显现出来的是移动支付融入社交关系链之后可怕的裂变能力，只要有一个人用微信发红包，他就可能带动周围一拨人开通微信支付。

在春节期间，年轻用户与亲朋相聚，微信红包进一步获得病毒式传播，引爆全民娱乐。

微信红包案例是多年难得一见的新 4C 法则标杆应用案例。

6.6 本章总结与实践题

随着人工智能时代的到来，营销与增长也需要与时俱进，拥抱新的思维方式。紧紧围绕 4C 开展相关营销持续创新很关键。

❑ **以客户为中心**：在新 4C 法则中，客户体验是至关重要的。通过深入了解客户的需求、喜好和行为，你可以创造出更贴近客户场景的产品和服务。采用人工智能、大数据和物联网等技术手段，收集和分析客户数据，精准洞察客户的场景和情感状态，从而帮助企业为客户提供更个性化、定制化的解决方案。

❏ **引入新技术**：应用新技术是创新思维的重要手段之一。例如，人工智能、虚拟现实（MR/AR/VR）、区块链等技术的应用，可以帮助你更好地理解客户需求和行为，提升营销效果和客户体验。同时，你还需要关注新技术的发展趋势和应用场景，及时调整和优化营销策略，实现与时俱进。

❏ **敏捷和持续创新**：在新 4C 法则中特别关注市场环境变化，你需要具备敏捷的思维和行动能力。持续创新是保持竞争优势的关键。不断迭代、改进产品和服务，紧跟市场趋势和客户需求的变化，才能做到有效引爆社群。同时，你还需要保持开放的思维，接纳失败和挑战，从中吸取经验教训，并不断优化和调整对新 4C 法则的实践方法。

❏ **创造共享价值**：通过与客户共享资源、知识和体验，你可以与之建立更紧密的关系，并获得客户的信任和忠诚度。例如，开展客户参与型营销活动，让客户参与产品设计、营销活动策划等过程，使客户感受到自己的价值和影响力，从而建立起品牌与客户之间的情感连接。

❏ **跨界合作构建新连接**：通过与其他行业或领域的合作伙伴进行合作，你可以借鉴其他领域的思维方式和创意，为自己的产品和服务注入新的元素。例如，与科技公司合作开发智能产品，与艺术家合作设计创意营销活动等，都可以为你的营销策略注入新的灵感和效果。

实践题

❏ 如何充分利用社交媒体平台上的客户数据，提升营销效果和客户体验？

❑ 请尝试从情绪价值的角度策划一场活动以实现社群的连接。

❑ 请尝试策划一场以内容为载体的病毒传播活动。

❑ 尝试梳理出品牌社群价值观，并制订系列传播计划与行动。

❑ 结合行业与公司业务诉求，尝试创作一些 MR/VR/AR 营销内容，在创作过程中请注意选题方向和内容展现角度的问题。

❑ 在人工智能时代，内容生产方式的创新有哪些？

❑ 从徽章、符号等具有定制化意义的角度规划一次内容创作活动。

❑ 如何用新 4C 法则开展物联网时代的营销传播？在营销传播过程中，要重点关注物与物的连接、人与物的连接。

❑ 人工智能时代，如何创新实践新 4C 法则？

参考文献

［1］ ALBERT L B．链接网络新科学［M］．徐彬，译．长沙：湖南科技出版社，2007.

［2］ WATTS D J．小小世界［M］．陈禹，等译．北京：中国人民大学出版社，2006.

［3］ KOTLER P．营销管理［M］．陆雄文，蒋青云，赵伟韬，等译．北京：中信出版社，2022.

［4］ PENENBERG A L．病毒循环［M］．刘素洁，译．杭州：浙江人民出版社，2013.

［5］ ROGERS E M．创新的扩散［M］．唐兴通，译．北京：电子工业出版社，2015.

［6］ QUAMMEN D．致命接触：全球大型传染病探秘之旅［M］．刘颖，译．北京：中信出版社，2014.

［7］ WHITMAN D E．吸金广告［M］．焦晓菊，译．南京：江苏人民出版社，2014.

［8］ BLY R W．文案创作完全手册［M］．刘怡女，译．北京：北京联合出版公司，2013.

［9］ HANDLEY A．内容营销：网络营销的杀手级武器［M］．王正林，译．北京：电子工业出版社，2011.

［10］ LOPEZ M．指尖上的场景革命：打造移动终端的极致体验感［M］．平宏伟，译．北京：中国人民大学出版社，2016.

［11］ 消费者研究．针对消费者情绪的营销方法［EB/OL］．［2022-07-18］http://www.199it.com/archives/211907.html.

［12］ 谭爽．轩尼诗：融入中产阶级场景［EB/OL］．［2022-07-18］http://

mt.sohu.com/20160120/n435158025.shtml.

［13］ 刘琪．小米 2 次引爆 QQ 空间的秘密［EB/OL］．［2022-07-18］https://www.jianshu.com/p/c3c0ef78cce0.

［14］ 俞方伟．天地彩钢：故事营销成就 B2B 电商传奇［EB/OL］．［2022-07-18］https://mp.weixin.qq.com/s/fV6N3M4fHQCsYCBGPzM46Q.

［15］ 孙媛．可口可乐、富国银行和 Basecamp：如何用内容塑造品牌形象［EB/OL］．［2022-07-18］https://www.prnasia.com/blog/archives/9006.

［16］ 佚名．IKEA's Digital Marketing Strategy: 8 Things to Know About the Company's Success［EB/OL］．［2022-11-19］https://digitalagencynetwork.com/ikea-digital-marketing-strategy/.

［17］ ROJAS F.Eight Digital Marketing Lessons We Can Learn From Tesla［EB/OL］．［2022-11-19］https://www.forbes.com/sites/forbesagencycouncil/2020/12/10/eight-digital-marketing-lessons-we-can-learn-from-tesla/?sh=805c0d48c8d5.

［18］ 佚名．Using Digital to Revitalize a Brand［EB/OL］．［2022-11-19］https://d3.harvard. edu/platform-digit/submission/burberry-using-digital-to-revitalize-a-brand/.

［19］ LEGO J Q.The Marketing Strategy Behind the Toy Industry Titan［EB/OL］．［2022-11-19］https://blog. contactpigeon. com/lego-marketing-strategy/.

［20］ 马寅．阿那亚成功之道，是将客户服务做到极致［EB/OL］．［2022-11-19］http://jy.usx.edu.cn/news/view/aid/295361/tag/.

［21］ 郑国威．知识内容写作课［M］．北京：北京时代华文书局，2020.

［22］ 山口拓朗．九宫格写作法［M］．北京：中国青年出版社，2020.

［23］ 石灿．实地访山东新媒体村：农妇做自媒体收入破万［EB/OL］．［2022-11-19］https://mp.weixin.qq.com/s/Kvxdzd4GDRitEUuKrEvk1g.

［24］ 佚名．有哪些增强广告信息可信度的技巧和方法？［EB/OL］．［2022-11-19］http://t.cn/RSedd1p.

［25］ 黎万强．小米眼中的新营销：参与感是灵魂［EB/OL］．［2022-11-19］http://t.cn/zRKfBk5.

［26］ 佚名．情绪分类［EB/OL］．［2022-11-19］http://t.cn/RSek2jV.

［27］ 佚名. 5 个让用户之间相互联结的创意营销［EB/OL］.［2022-11-19］https://mp.weixin.qq.com/s/k_m3pTgJyMRarQFUolba4Q.

［28］ 王诗琪. 周黑鸭 VS 绝味，谁是"中国第一鸭"？［EB/OL］.［2022-11-19］https://mp.weixin.qq.com/s/DBwwu80hK9uyodOKkz8avw.

［29］ 佚名. 位置营销如何触达人心［EB/OL］. 陈启临，译.［2022-11-19］http://www.360doc.com/content/18/0716/07/15447134_770699829.shtml.

［30］ 叶川. 肯德基的本土化营销堪称教科书［EB/OL］.［2022-11-19］https://mp.weixin.qq.com/s/EDEhn57MpFqpffJvqdNKKg.

［31］ 营销兵法. 宜家用方言写文案，把本土化营销玩明白了［EB/OL］.［2022-11-19］https://mp.weixin.qq.com/s/-7wGYn4lLLvwFL9JTcfnjw.